Teologia negra

Ronilso Pacheco

Teologia negra

O sopro antirracista do espírito

Copyright © 2024 by Ronilso Pacheco
Copyright do prefácio © by Silvio Almeida

Grafia atualizada segundo o Acordo Ortográfico da Língua Portuguesa de 1990, que entrou em vigor no Brasil em 2009.

Capa
Vinicius Theodoro

Ilustração de capa
Luiz Pereira

Preparação
Carolina Falcão

Revisão
Gabriele Fernandes
Ana Alvares

Dados Internacionais de Catalogação na Publicação (CIP)
(Câmara Brasileira do Livro, SP, Brasil)

Pacheco, Ronilso
 Teologia negra : O sopro antirracista do espírito / Ronilso Pacheco. — 1ª ed. — Rio de Janeiro : Zahar, 2024.

 Bibliografia.
 ISBN 978-65-5979-184-2

 1. Antirracismo 2. Negros – Religião 3. Poder negro 4. Teologia negra I. Título.

24-209295   CDD-261.8

Índice para catálogo sistemático:
1. Teologia negra : Cristianismo   261.8

Eliane de Freitas Leite — Bibliotecária — CRB-8/8415

Todos os direitos desta edição reservados à
EDITORA SCHWARCZ S.A.
Praça Floriano, 19, sala 3001 — Cinelândia
20031-050 — Rio de Janeiro — RJ
Telefone: (21) 3993-7510
www.companhiadasletras.com.br
www.blogdacompanhia.com.br
facebook.com/editorazahar
x.com/editorazahar

Sumário

Prefácio à edição original, por Silvio Almeida   7

Apresentação à nova edição: Rajadas de vento   13

Introdução   23

1. Sobre a teologia   31

2. O sopro antirracista do espírito   49

3. Mapear a teologia negra: Estes que têm alvoroçado o mundo   92

4. Sobre uma possível teologia negra brasileira   131

Conclusão   151

Notas   155

Referências bibliográficas   161

Prefácio à edição original*

No momento em que escrevo este texto, o Brasil vive um momento de profunda desesperança. A pobreza e o desemprego avançam, e a violência, especialmente contra os pobres, contra as populações negras e indígenas, contra as mulheres e contra a população LGBTQIAP+, é naturalizada e incorporada às práticas cotidianas e ao modo de funcionamento "normal" das instituições estatais. O que se pode observar é que o esgarçamento da sociabilidade e a destruição das formas de solidariedade obtêm o beneplácito e a concordância de algumas lideranças religiosas que articulam um discurso teológico justificador das mazelas do mundo. Repercutem tais lideranças uma teologia que fala sobre um Deus que, mesmo tendo vivido entre os pobres, parece odiá-los; uma teologia que glorifica os poderosos e idolatra o dinheiro; que se regozija com o sofrimento das mulheres; que santifica torturadores e que deita raízes no racismo.

É justamente deste momento de desespero e desalento que *Teologia negra: O sopro antirracista do espírito*, de Ronilso Pacheco, parece retirar a sua força. Desde o início, Pacheco evidencia que entende a teologia como um campo de dispu-

---

* Texto escrito para a edição original de *Teologia negra*. Brasília: Novos Diálogos, 2019.

tas. A teologia, segundo o autor, nasce no *deserto*. E a ideia de deserto é um dos pontos fundamentais para a compreensão deste livro, pois encerra duas ideias extremamente potentes. A primeira é que a teologia tem origem no testemunho dos marginalizados, dos oprimidos, daqueles que em fuga "no deserto" buscam os caminhos para a própria libertação. Em segundo lugar, que a teologia não se ergue das estruturas de poder, mas do "testemunho" dos que sobreviveram às perseguições e humilhações e agora podem relatar sua experiência com a divindade. O que Ronilso Pacheco faz é reabrir a disputa pelos sentidos do cristianismo, tendo como ponto fundamental a tradição da chamada teologia negra.

O colonialismo e a questão racial são peças centrais para que o significado do deserto na teologia negra possa ser apresentado. O colonialismo foi um projeto político e econômico que está na base da constituição da sociedade contemporânea. Portanto, a destruição e as mortes que caracterizam o colonialismo não podem ser creditadas à irracionalidade, à ilegalidade e muito menos à ausência de uma visão cristã de mundo. O colonialismo é parte da racionalidade moderna e foi ideologicamente sustentado por discursos teológicos que identificavam o colonizador branco europeu com a figura de Cristo, com o *salvador*. O colonizador seria — segundo tais visões, que permanentemente se renovam — um emissário de Deus, o responsável por carregar o fardo do atraso dos povos não europeus, tal como o Cristo que carregou a cruz para que a humanidade pudesse se salvar. Entretanto, o fardo do homem branco que se considerava "imagem e semelhança de Deus" não envolveria o amor ou a caridade — ao menos não para com os povos não brancos —, mas a *dominação* dos povos tidos como primitivos. O colonialismo e todos os seus horrores são tanto mais eficazes ao se mostrarem "terrivelmente evangélicos" e intransigentemente cristãos.

Há, portanto, uma certa teologia que não apenas se nutre do racismo, mas que nele faz a sua morada. É uma teologia que se funda em um discurso autoritário, que tem como base a *autoridade racial*. Assim, apenas com o homem branco no centro é que uma certa teologia — que denominamos de teologia colonial — pode funcionar. E colocar o homem branco no centro de uma cosmovisão religiosa que se nutre e se reafirma na colonialidade é, em última instância, deslocar as minorias raciais e sexuais do centro da religiosidade e das decisões sobre a organização das expectativas da vida comunitária.

As práticas e os sentidos da religião são criações humanas e, portanto, constituídas pelo racismo que estrutura as relações sociais. É assim que o autor nos apresenta a teologia negra como elemento fundamental da disputa teológica. Aprendemos aqui que nem toda teologia é colonial; há uma teologia que reivindica a experiência do "deserto", no caso da teologia negra, do Atlântico e das vivências nos territórios colonizados, em que o colonialismo, ao mesmo tempo que produziu destruição, possibilitou a resistência e a luta como encarnações do "sopro antirracista do espírito". A teologia que emerge dessa experiência fala de um Cristo que não pode ser retirado dos pobres e dos que sofrem, pois é um deles e por eles caminhou sobre a terra; estabelece a centralidade do testemunho dos que resistem como o mais importante elemento na concepção da religiosidade. É uma teologia que vê no rompimento com a herança colonial a principal condição de possibilidade para uma relação com Deus.

Porém, alerto que não se trata de um livro escrito apenas para aqueles que professam a fé cristã. Ronilso Pacheco é, indubitavelmente, um homem de fé, um pastor. Mas que ninguém se engane: estamos diante de um texto escrito por um intelectual de alto nível, um pensador sofisticado que, sem renegar seu lugar no mundo, oferece-nos um trabalho analítico, crítico, de inúmeras referências. Todas as pessoas que se interessem pelas formas assumidas pela religiosidade cristã diante dos conflitos sociais e que, ao mesmo tempo, busquem vislumbrar mais uma das facetas do racismo estrutural: saibam que estão diante de uma obra referencial. Ao tratar da teologia negra, o autor nos mostra que está trazendo para o embate teológico brasileiro uma tradição convenientemente esquecida e silenciada. Pode-se dizer que o sopro antirracista do espírito impulsionou as ações e os pensamentos de Agostinho Pereira de Araújo, o Divino Mestre, de James Cone, Martin Luther King, Desmond Tutu, Maricel Mena Lopez, e até mesmo de pessoas não diretamente ligadas à teologia, mas que a têm como inspiração, como a jurista Michelle Alexander e o filósofo Cornel West.

Quero terminar este prefácio com um pequena nota pessoal, mas absolutamente necessária para que se dimensione a importância deste livro.

Conheci Ronilso Pacheco no começo de 2018. Havíamos ambos sido convidados para uma conferência sobre afrodescendentes no Brasil, que reuniu pesquisadores e ativistas negros no Afro-American Latin Research Institute, da Universidade Harvard. Foi um encontro de muita qualidade, mas

Prefácio   11

marcado pela tristeza e indignação pela morte de Marielle Franco, assassinada poucas semanas antes, e que seria uma das participantes do evento.

Foi lá que pela primeira vez vi Ronilso Pacheco, acompanhado de Juliana Maia — advogada e pesquisadora, sua companheira. Já nas conversas informais entre as mesas de apresentação, impressionou-me a visão de Ronilso e Juliana sobre o cristianismo evangélico e suas relações com a política. Era um modo crítico, embasado e, ao mesmo tempo, analítico de se referir ao papel da religião na sociedade brasileira. Minha impressão inicial foi confirmada com a participação de Ronilso no evento, tida por muitas das pessoas presentes como uma das melhores, se não a melhor intervenção. Depois de sua fala, duas coisas tornaram-se certas para quem esteve ali: a primeira, a necessidade de se romper com visões preconceituosas e limitadas que enxergam o mundo evangélico como um bloco coeso, homogêneo e inevitavelmente reacionário, e não como um campo de disputas em que também se apresentam cosmovisões inclusivas, revolucionárias, antirracistas e antissexistas. A segunda, que estávamos diante de uma nova liderança, um homem fundamental para estabelecer um diálogo com os milhões de pessoas negras e pobres que têm o cristianismo como horizonte de mundo, mas que veem seus jovens filhos assassinados, compõem o maior contingente de desempregados e miseráveis e são a grande maioria nos cárceres do país.

O livro que aqui se apresenta é uma oportunidade para aqueles que creem no Deus cristão e querem um mundo melhor, sendo a luta antirracista — inclusive contra o racismo religioso, que estimula a perseguição às religiões de matriz africana — um imperativo na sua relação com Deus e a comunidade. E, para aqueles que não creem no Deus cristão, mas que igualmente querem um mundo melhor, Ronilso Pacheco ensina que a luta antirracista, concebida em múltiplas frentes de batalha, é um fator de unidade política essencial em um processo de transformação.

SILVIO ALMEIDA

Apresentação à nova edição:
Rajadas de vento

A CONTRIBUIÇÃO DA TEOLOGIA NEGRA para pensar o mundo atual continua sendo relevante e poderosa. Ainda há muito a ser dito e influenciado por ela. Sobretudo, ainda há muita luta a ser realizada contra as estratégias de controle, silenciamento e invisibilidade. A teologia negra tem muito chão a percorrer. Chão real, da vida, chão da realidade brasileira, com as pedras do racismo pelo caminho. A teologia negra segue, portanto, fiel ao Evangelho, à palavra do Deus libertador e ao seu chamado vocacional, tão bem expresso no capítulo 17 do livro de Atos: "Estes que têm alvoroçado o mundo chegaram até aqui".

A filósofa Sueli Carneiro diz que o racismo age como uma pseudociência e, como tal, "busca legitimar a produção de privilégios simbólicos e materiais para a supremacia branca que o engendrou".[1] Eu incluo a teologia nessa *produção de privilégios simbólicos*. A usurpação da teologia como um ente de conhecimento e um discurso legítimo sobre Deus, cuja essência é europeia e branca, é um poderoso feito da colonização simbólica dos saberes que permanece eficaz, empurrando para as margens todas as construções teológicas que não se alinham à construção "essencial". A teologia negra, portanto, segue sua jornada de sobrevivência, sua travessia, seja pelo deserto da sabotagem, seja pelo Atlântico do epistemicídio.

Quando este livro foi escrito e publicado pela primeira vez, em 2019, a frequência e a normalidade com que policiais brancos assassinavam pessoas negras nos Estados Unidos não me permitiam vislumbrar a possibilidade de mais uma dessas cenas ser capaz de inflamar o planeta numa onda antirracista global. Mas a partir do momento em que as imagens do assassinato de George Floyd, naquele fim de maio de 2020, foram assistidas no mundo inteiro, inspirando uma nova revolta negra, o fundamentalismo evangélico e o ultraconservadorismo branco puseram em marcha, de forma coordenada ou não, um projeto de reação. Reagiram como melhor fazem as estruturas supremacistas da manutenção de poder: buscaram assumir o controle da ideia. "O que faremos se temos tantas pessoas negras em nossas congregações, seminários e movimentos?", perguntaram uns aos outros. "Nós disputaremos os sentidos e a extensão do racismo", disseram. Nos Estados Unidos e no Brasil, para ficar apenas no exemplo desses dois países, abriram-se as portas para narrativas conservadoras sobre a igreja, a teologia e a questão racial. Encabeçada por teólogos negros conservadores, iniciou-se uma reação à teologia negra como um campo teológico sério, legítimo e, claro, realmente cristão, capaz de comunicar à igreja e aos crentes, sobretudo aos jovens, a questão racial e o trauma do racismo e da escravidão.

Foi assim que o livro *Liberating Black Theology*, de 2010, do pastor e teólogo negro conservador Anthony Bradley, voltou à cena nos Estados Unidos e também no Brasil, mesmo sem tradução. Nele, Bradley afirma que "a maior falha da teologia da libertação negra é que ela vê as pessoas perpetuamente como vítimas", numa alusão direta a James Cone, considerado o pai da teologia negra nos Estados Unidos. Diz também que "muitos negros, impregnados de vitimologia, exercem indignação hipócrita a serviço de expor as inadequações do 'outro' em vez de encontrar um caminho a seguir".[2] Bradley é talvez a grande referência do "contraponto" conservador, crítico contumaz da agenda progressista, há décadas publicando sua visão crítica de políticas sociais que condenam estruturas injustas e apontam o racismo sistêmico. Não haveria autor melhor para orientar o contra-ataque à luta antirracista e, claro, à teologia negra. Em *Why Black Lives Matter*, publicado em 2020, Bradley acusa o BLM de deixar a igreja à margem da luta pelos negros, isso a despeito de, em todo os Estados Unidos, muitos pastores negros, de igrejas negras, serem líderes locais do movimento. É também relativamente comum que muitos protestos puxados pelo BLM se concentrem inicialmente em igrejas negras. Em *Ending Overcriminalization and Mass Incarceration*, ele rechaça a crítica ao encarceramento em massa como parte do racismo sistêmico no país e direciona sua proposta alternativa para a individualização: o problema não estaria no racismo do legado escravocrata presente na própria justiça criminal norte-americana, mas no indivíduo, que deveria ser orientado para cuidar melhor de si, não cometer crimes e não cair no sistema prisional.

Nessa linha, fez bastante sucesso no Brasil o livro do também pastor e teólogo estadunidense Esau McCaulley, *Uma leitura negra*. Embora não seja um crítico contumaz da teologia negra e faça sua divergência a James Cone de forma respeitosa, McCaulley articula ideias como salvação, expiação, arrependimento e reconciliação com Deus. Obviamente, todas essas ideias cabem e são fundamentais na mensagem evangélica e abertas à reflexão teológica. Mas é também evidente que McCaulley escolhe tirar o foco da reflexão sobre o lugar da estrutura, da política e da cultura no processo e na articulação do racismo. E o próprio fato de passar brevemente, e apenas no fim do livro, pela teologia negra e o legado de James Cone diz muito sobre o lugar ocupado por ambos na reflexão do autor. Com essa ênfase na individualização (o racismo como pecado cometido por um ser humano falho, que precisa alcançar arrependimento individual e (re)encontrar Cristo), a tradução do livro de McCaulley para o português se tornou uma importante ferramenta nas mãos de conservadores e fundamentalistas que queriam disputar a narrativa sobre fé, igreja e racismo. Não que o livro não tenha tido impacto nos Estados Unidos quando da sua publicação em 2020, mas a essa altura já havia por lá uma forte e consolidada tradição acadêmica da teologia negra, que questionava a própria história de McCaulley junto às mais antigas lutas de teólogos e pastores do país contra a segregação e o racismo sistêmico. No Brasil, o impacto se deu de forma muito mais complexa, pois a teologia negra, frontalmente sabotada como epistemologia teológica fundamental para pensar as questões que unem racismo, cristianismo e negritude, segue ainda marginal. E essa ação não se dá apenas no campo da produção literária, mas também em seminários, palestras, cursos e onde mais for possível debater a pauta do racismo de uma forma que se distancie da denúncia profética feita pelos movimentos negros e evangélicos negros alinhados à teologia negra.

No entanto, essa disputa e esse controle não seriam cristãos ou bem-sucedidos o bastante se não estivessem abertos ao endosso das vozes brancas que se levantam para dizer às igrejas e aos evangélicos: "Ouçam as pessoas negras, porque nós concordamos que o racismo deve ser combatido entre nós". Sem essa autoridade branca e conservadora, o discurso sobre o racismo na igreja é militância e revanchismo de negros exclusivistas. Importantes exemplos aqui são o presbiteriano Tim Keller, o batista John Piper e o bispo anglicano N. T. Wright. Os três, de repente, num movimento de autocrítica (do tipo "perdão, escrevi tantos livros e preguei tantos sermões, mas nunca falei sobre isso"), passaram a refletir e pregar sobre a questão e, claro, se tornaram as referências em seus meios.

Outra vez, era mais seguro ouvir as vozes dos sábios pastores brancos do que confiar nas vozes sofridas de negros e negras que transformaram a própria vida em profecia permanente contra o racismo. Por conta desse sofrimento, a teologia negra e seus teólogos e teólogas nada seriam além de ressentidos em nome de Deus. Isso não desqualifica Keller, Piper ou Wright, pois todos eles, com sua imensa audiência, contribuem para expandir o alcance do debate. As vozes desses pastores brancos também fazem com que uma parte evangélica que demonstraria resistência à discussão se questione sobre o impacto do racismo e a indiferença de muitas igrejas quanto à sua gravidade. Então, não é sobre eles — mas sobre o projeto de produção de privilégios simbólicos, sempre brancos, que representam. O livro de Keller *Racismo e justiça à luz da Bíblia* foi traduzido no Brasil em 2020 e se tornou uma referência para conservadores que se recusavam a ouvir falar do tema de uma fonte que não partisse de um viés teológico conservador. Um artigo do bispo Wright, cuja tradução foi publicada no mesmo ano no site da revista *Ultimato* — um dos mais importantes periódicos do universo presbiteriano no país —, também passou a servir de referencial para a entrada de conservadores na discussão. Em "Minando o racismo", Wright busca enfatizar que o papel da igreja na denúncia e no enfrentamento ao racismo deve ser diferente da abordagem do Black Lives Matter ou do movimento negro. Para ele, ambos são agentes do politicamente correto, não tendo motivação cristã.

A produção de privilégios simbólicos segue a todo vapor. A onda antirracista global que floresceu após o assassinato de George Floyd, portanto, provocou também a reação fundamentalista junto com a estratégia da disputa de sentidos. Como todo projeto fundamentalista, essa disputa, no fim, quer levar a própria teologia negra e críticos do racismo estrutural/estruturante, evangélicos ou seculares, para o que a filósofa Denise Ferreira da Silva trata como "obliteração". Em *Homo Modernus*, Denise afirma "a obliteração dos outros da Europa" como uma exigência da subjugação racial. Nós podemos entender essa exigência como a própria condição que dá sentido de existência e identidade à própria Europa: só ela é o que todo o mundo deveria ou espera (um dia) ser.[3]

Eu trato essa obliteração como política da opacidade. Tomando emprestado um termo caro para o intelectual antilhano Édouard Glissant, uso opacidade num sentido ligeiramente invertido ao dele. Para Glissant, a opacidade marca exatamente a individualidade, o pertencimento, o ser irredutível, que não cai nas generalizações e encaixes universa-

Apresentação à nova edição: Rajadas de vento

listas. Ele mesmo a define, em *Poética da relação*, como uma "subsistência em uma singularidade não redutível".[4] Eu estou levando a opacidade de Glissant em direção a Denise Ferreira da Silva e pensando na opacidade como uma obliteração. O fundamentalismo e o autoritarismo querem dominar discursos e políticas para relegar minorias sociais e campos de saber divergentes, entre eles a teologia negra, à opacidade — ou seja, às margens escuras, inalcançáveis ao brilho da liberdade, da autonomia, dos direitos, da participação na definição e construção da sociedade, do saber formador e do poder. A política da opacidade é a política do silenciamento, da invisibilidade e da reclusão.

Cinco anos depois de seu lançamento original, este livro já inspirou outras publicações, artigos e dissertações que mostraram um novo fôlego da teologia negra no Brasil. Por outro lado, era difícil prever, em 2019, por mais que houvesse sinais, que um extremismo político e o autoritarismo de líderes eleitos democraticamente, mas sem apreço pela democracia e pelo diferente, alcançariam níveis tão intensos. Era ainda mais difícil prever que uma pandemia seria capaz de parar metade do planeta e ceifar tantas vidas em tão pouco tempo. O mundo definitivamente era outro em 2020. Cultural e politicamente, estávamos em um cenário muito mais inseguro e temerário. O nacionalismo cristão, essa ideologia de extrema-direita que une política, patriotismo e religiosidade, deixou de ser um movimento de adesão marginal nos Estados Unidos para se converter no maior risco à democracia naquele país. O nacionalismo cristão tropical brasileiro não demorou a ascender por aqui, saltando das ideias clichês e isoladas de "Deus, pátria e família" para o auge conspiracionista antidemocrático e servindo como principal vitrine do bolsonarismo.

Como a teologia negra pode olhar para este novo e perigoso mundo? Eis uma pergunta importante e fundamental aos novos leitores desta obra. Este livro não dialoga com contextos históricos específicos, embora, ao mesmo tempo, continue a fornecer ferramentas teológicas necessárias para dialogar com tais contextos. A corporalidade e a territorialidade, como características da teologia negra, seguem sendo importantes e atuais para pensar os corpos negros e pobres sacrificados no altar do negacionismo que tantos líderes globais erigiram durante a pandemia: a territorialidade invadida pelo crescimento violento e controlador do garimpo em terras indígenas no Brasil; a territorialidade cortada pelos muros que volta a ser protagonista do debate sobre soberania e segurança nos Estados Unidos, mas também entre nós.

Em seu importantíssimo livro *Borderlands/La frontera*, mistura de memória e ensaios, a pensadora chicana Glória Anzaldúa traduz esse temor ao descrever, em uma narrativa de reflexão, seu deslocamento em sua própria comunidade na condição de uma mulher que vive em uma fronteira literal, isto é, geográfica, e as fronteiras simbólicas que a isolam como mulher e queer. "Eu tive de sair de casa", diz Anzaldúa, "e eu pude encontrar a mim mesma, encontrar minha própria natureza enterrada sob a personalidade que havia sido imposta a mim."[5] Os corpos que temem a partir da sua sexualidade e gênero vivem o medo de não se sentirem seguros muitas vezes dentro de seus próprios lares. As personalidades impostas social ou culturalmente se agigantam como muralhas que comprimem a difícil decisão de romper e, ao fazer isso, perder o lugar protegido. Muitas e muitos estão sob a escolha dolorosa entre manter a performance e permanecer em segurança ou se assumir e perder o reconhecimento da dignidade, da humanidade e até da espiritualidade. O mundo ainda é um território arriscado para uma comunidade inteira de vulneráveis. A teologia negra permanece pronta para assumir seu lugar em defesa do povo negro e da sua liberdade de ser.

Introdução: Nossos passos vêm de longe

POUCA GENTE SABE, se deu conta ou se interessa em saber, mas na década de 1840, pelas ruas de Recife, em Pernambuco, surge um homem negro, alfaiate, pregador protestante que se tornaria um problema para as autoridades. O Império Português havia vencido os holandeses e impedido o acesso dos protestantes ao país desde a segunda metade do século XVII. Mas um homem negro se levanta, trazendo na mão uma Bíblia em que estavam grifadas diversas passagens que se referiam a liberdade, libertação e justiça. Agostinho José Pereira atraiu em torno dele cerca de trezentas pessoas, pobres, negros e negras livres, além de alguns indígenas, que com ele aprenderam a ler. Com eles e elas, fundou a igreja que leva o título com o qual passou a ser chamado: Divino Mestre.[1]

A Igreja do Divino Mestre, fundada em 1841, tornou-se uma dor de cabeça para as autoridades portuguesas. Um negro, movido pela fé e pela inspiração profética, afronta o império e o cristianismo branco católico. Quando ele é preso, em 1846, chama atenção sua ênfase contundente na defesa da sua fé, na afirmação da negritude de nomes importantes da Bíblia como Adão, Abraão e Moisés. Também chamam atenção sua consciência política e suas anotações elogiosas sobre a resistência negra no Haiti. Com isso, Agostinho José

Pereira, que ganha também o apelido de Lutero Negro, assusta as autoridades, temerosas de que dessa igreja protestante surja uma nova insurreição negra. Não fosse o Divino Mestre negro e marginalizado, talvez a igreja por ele criada fosse reconhecida pela historiografia oficial como a primeira igreja protestante brasileira. Mas foi a Igreja Evangélica Fluminense, fundada em 1858 no Rio de Janeiro pelo reverendo de origem escocesa Robert Reid Kalley e sua esposa Sarah, que obteve esse reconhecimento.

Preso, o Divino Mestre Agostinho José Pereira mostra a segurança e a disposição dos mártires e profetas. Essa combinação, a inclinação do coração para o martírio e o profetismo, quando aliados a um sentido que é maior do que o próprio mártir e o próprio profeta, deságua naquilo que Rubem Alves ressalta: o fato de que "o mártir, o profeta e o revolucionário são capazes de experimentar a dor sem que esta destrua sua personalidade, porque eles creem que, de alguma forma, a própria realidade está a seu favor".[2] Não se sabe exatamente o que aconteceu com o Divino Mestre após sua prisão. Faltou interesse na historiografia por seu nome. Mas sabe-se que seu encarceramento causa consternação, e tanta agitação, que ele é ouvido não por um delegado qualquer, mas segue direto para o Tribunal da Relação (o que equivaleria ao Tribunal de Justiça na época).

Por que começar falando do Lutero Negro? Porque a história do negro Agostinho José Pereira foi escolhida como símbolo do quanto um espírito profético, libertador e, por isso, profundamente antirracista acompanha, desde longe, o povo negro. Esse espírito nunca abandonou a história material do povo negro, a despeito do que a historiografia oficial e a teologia oficial tenham feito acreditar ao longo dos séculos. Por isso, ao escrever um livro sobre teologia negra, nenhum outro subtítulo poderia fazer mais sentido do que afirmá-la como um efeito, uma consequência, do sopro antirracista do espírito.

Com isso, quero dizer duas coisas. A primeira é que, como movimento do espírito, esse sopro sempre esteve presente e permanente ao redor das relações de poder que sustentaram estruturas escravistas, isto é, estruturas nas quais grupos humanos mantiveram outros grupos humanos na condição de escravizados e de mercadoria. A segunda é que a teologia negra é uma das faces de encarnação desse sopro, como uma "carta aos racistas", uma epístola aos teólogos racistas e aos que, ainda que não se assumindo como tal, sustentam uma estrutura de pensamento (teológico ou não) que se construiu racista.

Com ambas as afirmações quero destacar o quanto as forças de opressão nunca operaram de forma unilateral e sem resistências. Sempre houve luta por liberdade e sobrevivência. Todas as estruturas que instalaram sistemas de poder tiveram de lidar com as fissuras forçadas por aqueles e aquelas que não se calaram ou recuaram. Esses e essas ficaram de fora de muitos registros, o que ajudou a sustentar a ideia de que apenas de forma pontual, e distantes no tempo, levantes, rebeliões e movimentos de contra-hegemonia emergiram. Se é verdade que o eurocristianismo sustentou a colonização no continente africano encontrando todo tipo de luta e estratégias de resistência dos negros e negras que ali viviam, também é verdade que os próprios africanos e africanas que assimilaram a imposição do cristianismo para poder sobreviver elaboraram eles mesmos uma compreensão das narrativas bíblicas que descolaram completamente da mensagem dos missionários e dos colonizadores europeus, enxergando ali, com sua própria hermenêutica, um gatilho para encorajar novas lutas. O Jesus branco morreu, e não ressuscitou. De Kimpa Vita a Harriet Tubman, sempre houve luta. É o sopro antirracista do espírito.

Nesse sentido, o primeiro capítulo deste livro trata propriamente da teologia. Não considero a teologia como dada e resolvida; considero os diversos discursos teológicos não teologias do genitivo,* mas discursos teológicos. Sendo assim, não há uma teologia universal e outras teologias menores, em que negros, mulheres, indígenas, gays ou lésbicas, ou a ecologia e o trabalho, sejam apenas assuntos específicos. Isso significa que o que é entendido como uma teologia universal para mim é um discurso teológico tanto quanto o são as outras teologias. Assim, sua universalidade só pode se sustentar às custas do uso do poder que tem nas mãos, capaz de silenciar, marginalizar e invisibilizar outros discursos. A teologia nasce no deserto, no contexto da travessia do povo e da história construída a partir dali, e não da elaboração intelectual do sistema de pensamento ocidental, propriedade dos homens que se debruçaram sobre a Bíblia. A teologia é de

---

* Entendem-se por "teologias do genitivo" todas as teologias que se debruçam sobre uma realidade específica, como a teologia da libertação (pobres), a teologia feminista (mulheres), a teologia queer (minorias sexuais), a teologia indígena (indígenas), a ecoteologia (meio ambiente) etc.

todo mundo, afirma o texto, depois de destrinchar as disputas de sentido em torno dela.

No segundo capítulo, trato propriamente da teologia negra, e a intenção é trazer, da maneira mais didática possível, a concepção de seus principais teólogos, teólogas e movimentos, bem como a forma como a defino e defendo. Há um panorama geral do seu contexto de surgimento, mas, sobretudo, há uma abordagem que faz questão de aproximá-la de seu principal alvo-receptor: o racismo e o colonialismo. A teologia negra só faz sentido se compreendida num contexto em que a colonialidade intrínseca da modernidade instituiu o racismo e o regime escravocrata como sistema e estrutura. Sem a compreensão de como o mundo é racializado a partir da Europa, a teologia negra perde seu pano de fundo. Junto a isso, entender as características e as chaves hermenêuticas usadas por ela também contribui para melhor identificá-la.

O objetivo do terceiro capítulo é mapear a teologia negra. Com isso, pretendo colaborar para que seja possível saber, de forma minimamente organizada, onde um autor, autora ou sua obra se situa. Nem de longe, ao afirmar essas categorias, estou querendo encaixotar a teologia negra ou hierarquizar campos distintos. A proposta é permitir que, num primeiro contato com ela, o leitor entenda se uma determinada discussão ou obra está mais bem situada na teologia política, sistemática ou na perspectiva da diáspora, ou na da teologia feminista ou mulherista — informações que ajudam na assimilação e na construção do diálogo entre a teologia negra e outros campos e autores.

Como encerramento, no quarto capítulo sinalizo o que considero importante ser levado em consideração ao se produzir uma teologia negra no Brasil. Me refiro ao que pode ser peculiar numa teologia negra produzida aqui, assim como há peculiaridades na que é produzida nos Estados Unidos, na África do Sul, na Nigéria ou no Caribe. É verdade que estamos inseridos num contexto latino-americano que aproxima e considera a presença de religiosidades de matriz africana, mas esse é também o contexto do Caribe, por exemplo. A aposta é: em que medida podemos olhar para nós mesmos e pensar uma teologia negra brasileira, ou o que seria importante usar como filtro ao assimilarmos aqui a teologia negra construída, por exemplo, nos Estados Unidos. É importante que conheçamos aqueles e aquelas que ajudaram a narrar a nossa história, negros e negras na sociedade brasileira; que saibamos o lugar dos quilombos e da lógica quilombista para nos ajudar a pensar comunidade, comunhão e vida social coletiva; e talvez o que considero o ponto mais sensível do capítulo: que pensemos como vamos desconstruir o estigma e a demonização dos olhares e dos imaginários sobre o continente africano e tudo o que surge a partir dali — da música à cultura, da religião ao saber.

Este livro é, por fim, uma introdução à teologia negra. É por considerar que ela pode ampliar nosso debate sobre os legados da escravidão e sobre a forma como o racismo opera ainda hoje, vitimando homens negros, mulheres negras e jovens negros — que vivem o conflito de tantas vezes negar sua identidade, sua negritude, sua ancestralidade e, algumas vezes deliberadamente, a sua cor para conseguir se ver como parte de um pertencimento religioso que o aceite — que este livro veio assumir um chamado e uma vocação. O racismo já nos fez, sutil ou declaradamente, negar muitas de nossas crenças, nos deixando sem referências para onde apontar. Este livro pretende contribuir para dizer que não estamos sozinhos, nem sozinhas. Nunca estivemos. Nossos passos vêm de longe.

1. Sobre a teologia

A teologia nasce no deserto

A teologia — essa elaboração sobre a Bíblia, esse estudo crítico e essa arguição sobre Deus e seus feitos, sobre Jesus de Nazaré e a mensagem do evangelho — não tem origem na elaboração organizada e apologética dos Pais da Igreja. Ela nasce no deserto, com o povo que caminhava sobre ele. Muito da teologia, e em especial as teologias reconhecidas como de libertação, entende o Êxodo como ponto de partida, restringindo a mensagem de libertação ao contexto pontual em que Deus intervém na condição de escravidão e exploração do povo hebreu no Egito e destaca Moisés como líder e profeta que vai à frente do seu povo, conduzindo para a fuga, a saída, a libertação do cativeiro. O ato da libertação lança uma massa de ex-cativos em uma jornada, e transforma essa mesma massa em um povo peregrino, que aprende a se relacionar consigo mesmo e com o Deus no qual crê. Nessa jornada, nessa travessia, na imensidão do deserto vasto e adverso, com um povo heterogêneo e em formação, nasce a teologia.

Afirmar que a teologia nasce no deserto tem a função de, primeiro, destronizar a teologia do lugar estelar das ciências soberbas. Desde que surgiu aqui, enquanto aprendizado processual e descoberta de uma linguagem que dá conta da experiência individual e coletiva com Deus, a teologia entrou em contestação, ao ser apreendida, capturada e, principalmente, universalizada, como se disputasse verdades com a filosofia. A teologia que nasce no deserto é a teologia dos marginais, ou dos marginalizados. É o discurso e o testemunho sobre Deus que não encontrou lugar na linguagem autoritária e totalitária da religiosidade posta a serviço do poder no Egito, e que abre novas possibilidades de narrativas e experiências no deserto. O deserto é lugar de travessia e formação do povo de Deus, e é também o lugar de retirada e retorno de Jesus. Há uma ancestralidade no deserto, onde a teologia nasce, que atrai Jesus para a reflexão, a oração e o conflito.

Uma gênese da teologia, ou do discurso sobre Deus, desconhece, e até mesmo dispensa, o controle e a organização sacerdotal e se apresenta no canto entoado por Moisés e pelo povo.

> Os carros de Faraó e suas tropas, ao mar ele lançou; a elite dos seus cavaleiros, o mar dos Juncos devorou: o abismo os recobriu, e caíram fundo, como pedra. [...] O inimigo dissera: "Perseguirei, hei de alcançar, despojos eu terei e minha alma irá se alegrar, tirarei a minha espada e minha mão o prenderá!". O teu vento soprou e o mar os recobriu; caíram como chumbo nas águas profundas (Êxodo 15,4-5; 9-10).[1]

O povo celebra a soberania de Deus, que não é a soberania estática de quem pura e simplesmente possui o poder. Não é a soberania dos que exercem domínio e controle. É uma soberania dinâmica, cujo soberano, Deus, opta por colocar a serviço não dos perseguidores, mas dos perseguidos. Há um discurso que zomba, rebeldemente, dos poderosos, que, habituados ao poder, já tinham dado como certo o sucesso da perseguição e do saque. Mas o testemunho coletivo de uma luta, da vitória e da sobrevivência, com a derrota dos perseguidores, torna-se a descrição teológica, imanente, do *mistério* que os encoraja, conduz e liberta. A teologia nasce da experiência dos debaixo. É linguagem sobre Deus contra os poderes centralizadores que se acham deuses.

Portanto, a teologia que nasce no deserto, nesse sentido, supera o êxodo. Há uma provocação de grande envergadura da teóloga Delores Williams que propõe pensar o êxodo como *história holística*, e não como evento. O que isso implicaria? Na perspectiva de Williams, "permitiria à comunidade ver o êxodo como uma realidade extensa, envolvendo vários modelos de eventos", e não considerar como único e referencial o evento em que explicitamente há um genocídio do povo cananeu e a tomada da terra desse povo.[2] A teologia nasce no deserto e é perturbada já na conquista da terra. Mas não morre. Ela será sempre um referencial de combate e conflito, de rebeldia e denúncia profética, cuja utopia não é adiante e sim de um retorno às bases do contexto em que essa teologia foi formulada, forjada na experiência da liberdade que grita e não cala, que cria, ainda que acuada pelos limites que lhe são impostos.

A teologia que nasce no deserto reverbera ainda hoje ao perceber as sutilezas que permitem às estruturas de opressão se dinamizarem e se atualizarem mesmo quando parecem superadas. O colonialismo egípcio estaria presente de diversas maneiras, inclusive na própria forma de vida social e coletiva do povo de Deus, ao não ser vigilante e autocrítico o bastante na terra onde pisa e se instala. Uma teologia forjada no deserto não nos deixaria esquecer a presença desse mesmo espírito do mal hoje. Como nos faz questão de lembrar o professor Silvio Almeida:

> O fato é que o fim do nazismo não significou o fim do colonialismo e nem das práticas coloniais pelos Estados europeus. Por isso diz Cesaire que "a Europa é indefensável". O colonialismo, portanto, dá ao mundo um novo modelo de administração, que não se ampara no equilíbrio entre a vida e a morte, entre o "fazer viver e o deixar morrer"; o colonialismo não mais tem como base a decisão sobre a vida e a morte, mas tão somente o exercício da morte, sobre as formas de ceifar a vida ou de colocá-la em permanente contato com a morte.[3]

Quando o povo é lançado ao deserto, deve construir uma nova sociedade e uma nova realidade em cima da realidade que já está diante dele. Talvez aqui, guardadas as devidas proporções, mas mantendo as mesmas categorias analíticas, valeria dizer que o povo de Deus tem, diante do deserto, a mesma compreensão que o geógrafo Milton Santos sugere para a leitura do mundo globalizado no qual nós vivemos hoje, considerando a percepção de três mundos em um só e ao mesmo tempo. O primeiro é o mundo tal qual o povo é impelido a ver, em que o deserto é delírio, risco, fábula. O segundo é reconhecer o deserto como o que ele realmente seria, isto é, o deserto é perversidade. Mas o terceiro é o deserto como ele pode (vir a) ser, a saber, um outro deserto.[4] Animados pelo Deus dos *sem poder*, o povo é conduzido por uma experiência no deserto, o qual deixa de ser pesadelo, fábula de desterro e condenação e passa a se tornar, com Deus, outra coisa. É possível subverter o deserto e sua adversidade. O deserto é compreendido por uma chave teológica que o Império Egípcio não compreenderia.

A teologia que nasce no deserto não teoriza a experiência, ela a testemunha. Nasce inclusiva, plural e dialogal porque, desde a experiência que lhe dá sentido, o estrangeiro está inserido, não devendo ser hostilizado ou vulnerabilizado. É o que podemos apreender de passagens como Êxodo 22,20-3 e Levítico 19,33-4. O *estrangeiro* é mais que o sujeito que pertence a outra etnia ou nacionalidade: é categoria de análise para dar conta do que significa acolher os diferentes. A diferença não é rechaçada, suprimida ou engolida, a diferença é inserida como parte de um todo diverso. O *estrangeiro* não é um sujeito e um nome: é um corpo, uma história, um *outro*, uma escolha, uma identidade, um pertencimento cultural, religioso, sexual, social. O deserto deveria formar uma consciência anticolônia e anticolonização.

Aprendemos com Frantz Fanon que o colonialismo promove "uma negação sistematizada do outro, uma decisão obstinada de recusar ao outro todo atributo de humanidade", o que obriga o povo dominado a perguntar-se frequentemente "Quem sou eu, na realidade?".[5] O deserto possibilitou formar uma teologia inclusiva, anticolonização, que permitisse que o reconhecimento do outro, do diferente, não fosse rechaçado e que essa humanidade diversa não fosse negada. O povo que se constitui na travessia era, ele mesmo, uma amálgama étnica que viveu sob o jugo da opressão escravocrata e não poderia arrogar para si o direito da seletividade sob o risco da própria autodestruição. No deserto, uma teologia se faz celebrando. E a celebração também é resistir politicamente, criar novos mundos de regozijo e alteridade. O teólogo Pedro Kramer ressalta que essas refeições comunitárias, diante de Deus, "realizadas pelo povo de Israel, sem que haja um pobre sequer no meio dele, são a realização da grande vocação do povo liberto do Egito" (Deuteronômio 16,12).[6]

Recorrendo mais uma vez a Milton Santos, convocamos duas de suas categorias analíticas para ajudar a pensar o deserto e a teologia que daqui nasce. Uma é a *função*, que ele define como a atividade desempenhada pelo objeto criado. Com isso, o deserto funciona como "fundação", ou "re-fundação", de um relacionamento e de uma aliança entre Deus e seu povo, trazendo novas experiências que são testemunhadas enquanto formam uma teologia da imanência. A outra categoria é a *totalidade*: aquilo que envolve o espaço, mas também as relações do espaço, os meios de produção, a história, passado e presente se fundindo no conjunto das relações que ali circulam.[7] Para Santos, a "função da forma social depende da redistribuição da totalidade das funções que uma formação social é chamada a realizar".[8] Na nascente teologia forjada no deserto, a formação social é libertária, plenamente comprometida com a liberdade e a libertação. Essa foi a leitura feita, a partir da teologia do deserto, da função do Espírito de Deus, descrita em Isaías 61 e repetida por Jesus.

A teologia nasce no deserto e é pobre. Não é apenas a teologia que surge de um povo pobre economicamente: ao subverter as lógicas presentes no mundo centralizador, ela nasce e se coloca desprovida das riquezas que custam a vida e a consciência, que escravizam o corpo e a memória. No deserto, a

teologia comum já denunciava a acumulação (com o maná,*
que não se podia guardar e era igualitariamente distribuído)
e o uso do corpo como um produto que se podia explorar e
comercializar. A teologia que nasce no deserto já socializava a
terra e, com o fomento da solidariedade, inibia a propriedade
privada (como bem resumido no Deuteronômio 24,19-21). O
povo de Deus foi forjado no deserto. Ontem e hoje.

Uma teologia que nasceu no deserto está presente nos desertos contemporâneos, subvertendo as lógicas engessadas
das teologias controladoras e fabricadas para doutrinar mais
do que cuidar e libertar. Ir para o deserto é abandonar os projetos de poder dos impérios que querem ser, e determinar, o
centro de tudo. A teologia, ao nascer no deserto e ser afetada
pelas fronteiras de humanidade que nele são ultrapassadas e
destruídas, se aproxima da perspectiva do projeto decolonial
como descrito por Ramón Grosfoguel. Pois, assim como na
perspectiva forjada no deserto,

> na perspectiva do projeto decolonial, as fronteiras não são somente esse espaço onde as diferenças são reinventadas, são também lócus enunciativos de onde são formulados conhecimentos
> a partir das perspectivas, cosmovisões ou experiências dos sujeitos subalternos. [...] Afirmar o lócus de enunciação significa ir
> na contramão dos paradigmas eurocêntricos hegemônicos que,
> mesmo falando de uma localização particular, assumiram-se
> como universais, desinteressados e não situados.[9]

---

* Registrado primeiramente no capítulo 16 do livro do Êxodo, refere-se ao alimento que Deus enviava do céu para o povo durante a travessia pelo deserto. Era enviada uma porção para cada dia.

O que é a teologia: Disputando sentidos

Afirmou o mestre James Cone: "A teologia não é aquilo que os teólogos reivindicam que ela seja". Cone reforça que, a despeito da presunção dos que acreditam que a teologia é uma reflexão sobre Deus, ou, como muito já se usou, um estudo sobre Deus, a teologia é, sobretudo, antropologia.[10] É certo que isso não tira o valor e a importância crucial da teologia para a humanidade e o pensamento, mas também é verdade que diminui os ânimos dos que têm certeza de que estão tratando de uma ciência que dá conta do todo e do universal, e ainda de toda a realidade transcendental.

Afirmamos que a teologia nasceu no deserto. Mas também entendemos que isso não encerra a questão sobre ela. Ao contrário, a teologia se insere numa longa e profícua disputa sobre os seus sentidos. Por trás das definições categóricas sobre o que a teologia é, encontram-se também os embates sobre os sentidos que lhe são dados, a partir dos quais ela se aplica.

Em grande parte de sua história conhecida, a teologia é ao mesmo tempo fruto e formadora do pensamento ocidental. Ela está presente nos escritos de Sócrates (469-399 a.C.), que vão do conceito de *nous* (uma espécie de razão divina) ao de *theos* (deus), e também em Platão (427-347 a.C.) — que, aliás, é quem se sabe ser o primeiro a usar diretamente o termo "teologia" (*theologia*) para designar o discurso sobre deus ou sobre o divino.[11] Platão é, no pensamento ocidental, considerado o primeiro a reconhecer (e organizar) de forma clara uma realidade espiritual destacada do mundo sensível, o que se toma como o mundo suprassensível. A isso junta-se a contribuição de Aristóteles (383-322 a.C.) quanto ao

Deus, causa primeira, que tudo move, sem por nada poder ser movido. Aristóteles põe, portanto, em sua *Metafísica*, a "ciência teológica" (*theologike episteme*) como o mais elevado conhecimento humano.[12]

A influência e a compreensão de Platão e Aristóteles sobre a teologia nunca mais deixaram de ser referência, passando inclusive a determinar o seu sentido. Séculos mais tarde, a teologia era uma ciência suprema: manteve-se um saber tão poderoso e elitista que não era praticada por pobres, iletrados ou, ainda menos, por mulheres. Com os chamados Pais da Igreja, ou a era patrística, a teologia entraria em disputa consigo mesma: agora os embates eram sobre quem determina e estabelece os sentidos da mensagem bíblica e da revelação.

Se os discípulos e discípulas, aqueles e aquelas que andaram com Jesus, e suas respectivas comunidades; se aqueles e aquelas que conviveram entre a geração imediatamente seguinte à morte dos primeiros discípulos; se esses e essas deixaram testemunhos, relatos e narrativas do cotidiano do Mestre, os Pais da Igreja vão ungir essa memória com um complexo, calculista e quase hermético sistema teológico. Nesse ponto, destaca-se Agostinho de Hipona (354-430) como o mais importante e influente nome na teologia, estabelecendo as bases da compreensão (ou do sentido) da verdade eterna, da predestinação (que é retomada e ganha corpo séculos depois com João Calvino), da ideia do pecado original, do livre-arbítrio e da distinção entre a Cidade de Deus e a Cidade dos Homens.

Com Orígenes, Tertuliano, Atanásio e Ambrósio, entre outros, Agostinho, que é vencedor em quase todas as disputas que trava, aprofunda a complexidade da teologia e do discurso sobre Deus e sua doutrina de tal maneira que Deus, o sujeito da teologia, torna-se praticamente inacessível. A influência de Agostinho no cristianismo ocidental (e mais precisamente no eurocristianismo) só é rivalizada séculos depois, já na Idade Média, por Tomás de Aquino (1225-74) e a chamada era da escolástica.* Sua principal obra, a *Summa theologica*, é um divisor de águas para a teologia: um mergulho profundo a respeito de Deus, numa jornada absolutamente especulativa mas que pauta a compreensão de Deus — o que ele é em si mesmo, o que é sua essência, cuja ideia só pode ser enunciada de maneira analógica.

Mas se responder à pergunta "O que é a teologia?" fala de uma disputa de sentidos, é sempre importante considerar como, nessa trajetória, outros discursos e outras formas de assimilar e falar sobre Deus vão ficando pelo caminho. Na época dos Pais da Igreja, os discursos derrotados vão sendo empurrados para o campo da heresia e, assim, aos poucos, silenciados e invisibilizados. Na Idade Média, a consciência de universalidade da teologia vai calando e assassinando tudo o que é negado e não reconhecido pela autoridade de Roma. Com as cruzadas, a teologia se torna militarizada e forja, em nome da defesa da fé e da retomada de terras sagradas, ações que na prática visam a conquista de territórios, o fortalecimento de uma burguesia que ansiava por enfraquecer a aristocracia feudal na Europa e a expansão dos negócios mercantilistas rumo ao Oriente.

---

* Método de pensamento crítico e aprendizagem com origem sobretudo nas escolas monásticas cristãs, onde a fé se torna um sistema de pensamento racional. Foi dominante nas universidades medievais até o século xv, e teve em Tomás de Aquino seu principal expoente.

Nesse processo, a rica e intensa participação e o legado dos Pais da Igreja africanos, como Tertuliano, Orígenes, Clemente de Alexandria e o próprio Agostinho, já são tão ocidentalizados e conectados com Roma e o pensamento grego platônico-aristotélico que desaparecem do horizonte uma teologia e uma hermenêutica fora da colonialidade. Com isso, desaparece aquilo que o filósofo queniano John Mbiti afirmou: na Antiguidade, a religião cristã na África podia ser descrita como "genuína e tradicionalmente africana".[13] A experiência de uma potente igreja etíope e o cristianismo e a teologia desenvolvidos no Egito, por exemplo, vão desaparecer. Para isso contribui também um epistemicídio provocado pelos centros produtores de saber no Ocidente: universidades, seminários, faculdades de teologia, igrejas, todos esses espaços, onde quer que estivessem, vão se europeizar de tal forma que toda produção e contribuição não europeia (ou, mais precisamente, fora do eixo de pensamento greco-romano e difundido pelo núcleo anglo-franco-germânico) só encontrarão lugar no mundo na condição de estranhos, diferentes, marginais, exóticos ou subalternos, periféricos em torno de um "centro".

Essa disputa de sentidos sobre "o que a teologia é" ganha contornos estarrecedores e mais violentos com a modernidade. O século XVI é herdeiro não apenas cronológico, mas histórico, do século XV e de sua grande "invenção": o colonialismo, constitutivo da modernidade e determinante para o seu estabelecimento. A Reforma Protestante, marco inicial da modernidade, é o processo de colonização de praticamente todos os povos não europeus ao redor do globo a partir de 1492, e o que lhe confere sua grande base. Tanto quanto as missões católicas ibéricas de Portugal e Espanha, as missões protestantes de França, Inglaterra e Alemanha estão também impregnadas pela mentalidade escravocrata ou de inferiorização do povo negro africano.[14] A forma como a escravidão e o racismo são pensados de maneira estanque e em separado da Reforma Protestante mostra a dificuldade de uma articulação a respeito.

Seja como for, o fato é que agora, na poderosa teologia, as vozes negras, indígenas, LGBTQIAP+ ou femininas não existem. Como bem denunciou Elisabeth Fiorenza, "enquanto o cristianismo medieval transformou Jesus em rei soberano e regente nobre, quando ele claramente não foi isso, a modernidade destaca sua masculinidade, embora nossas fontes não desenvolvam esse tema".[15] A racionalidade moderna europeia não abre espaço para o reconhecimento de nada que não seja ela mesma. No projeto colonizador, a Europa se constrói e se impõe a partir da totalidade. A epistemologia, a hermenêutica, a teologia, tudo é totalitário e feito para negar qualquer coisa que não seja a si mesmo, e moldar, pela fé e pela força, tudo o que se recusa a ser sua extensão. Como aprendemos com Walter Mignolo:

> A racionalidade moderna é assimiladora e, ao mesmo tempo, defensiva e excludente. [...] No entanto, é a partir de 1500, depois do crescente domínio da epistemologia ocidental a partir de uma *ego-logia* como secularização da teologia, que os conceitos não ocidentais de totalidade passam a ter de enfrentar o crescente conceito imperial de totalidade.[16]

Assim, ainda hoje, responder o que é teologia não é tarefa que possa ser feita de forma acrítica e a-histórica. Quase sempre as respostas dadas trazem consigo os sentidos que indicam o percurso teológico escolhido por quem as responde. Talvez parte do caminho faça sentido numa resposta sobre a teologia. Ela é um discurso sobre Deus (seja esse discurso entendido como testemunho, estudo crítico ou ciência). Mas a resposta só será assertiva se for seguida da segunda pergunta, que é sobre quem discursa, de um lado, e quem recebe o discurso e o julga, do outro.

A teologia é de todo mundo

> Arrependimento pós-colonial inclui não apenas confessar o conluio do cristianismo com o colonialismo, mas, consequentemente, negar a novas tentações para exercer o senhorio sobre os outros.
>
> MARK BRETT

Mais do que perguntar "o que é a teologia", a questão mais crítica a respeito seria "a quem a teologia pertence". Como suspeitou Peter Nash, "é uma ilusão pretensiosa de que exista algo puro e objetivo sobre a maneira como a teologia vem sendo desenvolvida na igreja ocidental".[17] O testemunho de homens e mulheres na história, que experimentaram a fé e o *mistério*, caminhantes do deserto, seguidores e seguidoras de Jesus, gente simples, popular e quase todas e todos pobres, periféricos e pouco letrados, essa gente que viveu (e vive) esta teologia primeira, o discurso sobre Deus, foi posta em silêncio. Os poderosos e as autoridades vieram sequestrar a teologia e o seu sentido, e a teologia deixou de ser popular.

Mesmo em um contexto progressista, a autoridade acadêmica dos "especialistas" se sobrepôs à compreensão simples de quem fala da fé, de Deus e da Bíblia como algo que aconteceu consigo e não como elucubração especulativa do que deve ser. Contudo, a serviço da colonialidade esse domínio se revestiu de perversidade e autoritarismo e foi usado em benefício da negação da diferença e da imposição de verdades universalizadas. Apenas no século xx foi possível vislumbrar a implosão gradativa das estruturas teológicas dominantes.[18] Ao redor do mundo, um novo êxodo acontece. Nele, a própria teologia é liberta do cativeiro em que o Império Euro-Ocidental lhe encastelou. Foram séculos de subjugação, domínio, posse, propriedade indevida e manipulação única que produziram verdades inspiradas nas próprias histórias e aparências. A imagem e semelhança de Deus tornara-se homem, branca e europeia. No entanto, a despeito das ameaças e da perseverança de quem não abre mão de ter o poder de decidir quem pode construí-la e quem não pode, a teologia liberta-se e percorre o deserto dos gritos outrora inaudíveis e adentra a terra que lhe foi prometida: uma pluralidade e uma complexa diversidade humana. A teologia é de todo mundo.

Apesar de o teólogo alemão Jurgen Moltmann ter afirmado que "Deus não pode ser demonstrado, nem pelo cosmo nem pela profundidade da existência humana", e que "ele se demonstra a si mesmo e por si mesmo",[19] os que detêm o poder, do Antigo Israel ao Império Romano, da Idade Média à colonialidade da era moderna, sempre impuseram uma teologia que garantia que Deus só se demonstrava, isto é, só era acessível mediante a elaboração do seu discurso e sua fórmula. Essa imposição, sustentada por séculos (e que definitivamente busca sobreviver até hoje), já não passa despercebida e sutil. Outras teologias têm-lhe afrontado, tanto no que diz respeito à concentração de poder como à conquista e tomada de territórios, como afirmou Musa W. Dube:

> Intimamente ligada à centralidade da raça e da geografia na hermenêutica bíblica pós-colonial está a questão da distribuição de poder na aldeia global. O poder é distribuído de forma desigual tanto geograficamente como racialmente a partir do uso de textos culturais.[20]

Quando mulheres, negros, indígenas, LGBTQIAPN+ e toda a diversidade da comunidade humana tomaram coragem para assumir e disputar a teologia, ela se tornou mais próxima do que se pode entender da expressão "multiforme sabedoria de Deus". Um Deus de sabedoria múltipla não diria tudo de uma única vez em um único verso (*universo*). A teologia é multiversal. É preciso uma teologia indígena, uma teologia negra, uma teologia feminista, uma teologia ecológica, uma teologia queer, uma teologia de libertação. É fundamental uma teologia pós e decolonial, uma teologia ecumênica e inter-religiosa, que quebre as linhas *antitoque* (as linhas imaginárias de hostilidade que impedem o contato, o diálogo, a aproximação e fomentam o isolamento autocentrado e autossuficiente) que interditam a construção de caminhadas comuns.

É preciso rachar todas as estruturas rígidas de homogeneização que negam a riqueza da diversidade. Implicaria isso uma "anarquia" hermenêutica ou disputa conflituosa de sentidos? Não necessariamente. "Lembrem-se de que fostes escravos na terra do Egito, e eu vos libertei." Há uma ética e uma alteridade libertadoras como arcabouços dessa pluralidade. Um caminho claro é o conselho da teóloga alemã Elisabeth Fiorenza, que propõe uma "ética da interpretação, que explore uma política acadêmica de sentido, em vez de apenas dar continuidade a discursos ideológicos sobre Jesus que estão eivados de ideologias de dominação".[21]

Contudo, ao falarmos que a teologia é de todo mundo, não estamos falando apenas dos, e para os, "sábios" e "sábias" da academia. A teologia pertence também ao povo que lê, aos homens e mulheres cuja hermenêutica é a própria vida. Séculos de elitismo intelectual-sacerdotal sequestraram a teologia do convívio cotidiano das pessoas comuns e, consequentemente, as contribuições que elas poderiam oferecer. Há uma teologia da, e na, vida cotidiana que se pergunta muitas vezes sobre a teologia elucubrada pelos "doutores" que estão muitas vezes desconectados da vida real. Sem dúvida há uma hermenêutica teológica que possibilita apreender o contexto adverso da realidade precária, marcada pela violência e pelas poucas alternativas de sobrevivência, e que recorre à Bíblia e à experiência de Deus, que é a experiência da fé, para construir uma leitura que não especula mas crê. A fé é uma interpretação. A fé do povo é dinâmica a ponto de não sistematizar teologias, mas de teologizar realidades.

Antes de o conhecimento teológico ser formulado pelos pensadores e pensadoras "especialistas", que se debruçam com afinco sobre a lógica que opera nos sistemas de opressão, repressão e controle sobre corpos vulneráveis e comunidades sociais frágeis, estas mesmas opressões, repressões e controles afetam exatamente o povo que muitas vezes não consegue formular com precisão a dor, a angústia e as ameaças sofridas.

Antes que a teologia negra surgisse, negros e negras ouviram, durante séculos, que não tinham alma e que eram amaldiçoados por conta de sua pele e sua cultura. Antes de uma teologia indígena, povos originários foram vistos como incapazes de formular o que poderia ser chamado de teologia pois não tinham a lógica racional euro-ocidental para descrever intelectualmente uma reflexão sobre sua espiritualidade e compreensão de Deus. Antes de teólogas intelectuais acadêmicas ousarem apresentar ao mundo uma teologia feminista, os séculos foram marcados por mulheres que eram obrigadas a manter na esfera privada sua compreensão sobre Deus. Deus sempre Pai, jamais mãe. Foram heréticas, atrevidas e loucas. Antes que hermeneutas de classe média e academicamente privilegiados desenvolvessem uma teologia gay ou queer, homens e mulheres, jovens e adultos, nas ruas, nas escolas, nas universidades, nas praças, nas igrejas ou mesmo em casa, mal tinham o direito de pronunciar o nome de Deus. Suas vidas de nada valiam por conta de sua sexualidade e do estigma da loucura, da patologia, do pecado e da promiscuidade que lhes foi imposto. A violência imputada contra a "anormalidade" de seus corpos e de suas escolhas já havia feito milhões de vítimas. Sempre em nome de uma pseudossantidade que condenava corpo e prazer.

Antes que Marx e sua denúncia contundente da exploração do pobre e do operário influenciassem a sensibilidade cristã de teólogos e teólogas da libertação, o povo já se virava como podia para desconstruir as amarras estruturais sustentadas também pelas igrejas parceiras do Estado, que se punham a doutrinar os homens para o trabalho e a obediência, falseando a vontade e a bênção de Deus. Os mais pobres entre os povos sentiram primeiro na pele os efeitos dos discursos teológicos que legitimaram a escravidão, o apartheid, o linchamento e a tortura impostos para negar sua identidade e religiosidade. Com tudo isso, quero dizer que a teologia também pertence e é construída em meio ao povo no cotidiano da vida, junto às dores que nenhuma especulação intelectual teológica é capaz de dimensionar.

A teologia, então, é de todos. E a teologia negra só passou a ser possível porque o êxodo da teologia de seu cativeiro euro-ocidental fez com que fosse assumida por quem estava distante. Portanto, é impossível que a teologia volte ao cativeiro. Ou seja, é impossível que ela novamente seja propriedade exclusiva de alguém ou de alguns selecionados, privilegiados e escolhidos. A teologia pertence a todas e todos, e a quantas e quantos mais ela pertencer, mais assertiva sobre Deus ela será.

2. O sopro antirracista do espírito

Por que uma teologia negra?

Pensar na teologia negra e na sua presença e ação nas Américas e no continente africano nos desafia a reconhecer as características que a identificam e diferenciam. Engana-se quem imagina que a teologia negra tem como sentido principal disputar a epiderme de Jesus ou provar se as histórias bíblicas se dão em solo africano ou não. Talvez estas sejam as menores das suas questões. Daí ser necessário rechaçar a ideia de que a teologia negra seria apenas uma teologia contextual. Ela não é isso, ou não é *apenas isso*. Então, como podemos definir a teologia negra para além dos estereótipos lançados sobre ela? Uma definição possível, e que proponho aqui, é a de que a teologia negra é *um sopro antirracista do espírito*, o que vem corroborar, como síntese, a afirmação de autores e autoras que se debruçaram sobre ela e a vivenciaram. É uma reafirmação, por exemplo, da definição de James Cone:

> A teologia negra é uma teologia do povo negro e para ele, um exame de suas histórias, contos e ditos. É uma investigação da mente feita nas matérias-primas de nossa peregrinação contando a história de como "nós vencemos". Para a teologia ser negra, ela precisa refletir sobre aquilo que significa ser negro.[1]

Dessa forma, a teologia negra é um exercício hermenêutico e exegético comprometido e assumidamente parcial, pois tem história e lugar, sendo esses as histórias, trajetórias e vivências do povo negro. Fazer teologia negra é "falar necessariamente a partir do povo negro, ou, ainda, é falar das tradições e das culturas dos povos afro-americanos", conforme indica Ezequiel Luiz de Andrade.[2]

A teologia negra é uma teologia política.[3] Ela se coloca como resposta à convocação, ao *kerygma* que nos desafia ao envolvimento humano por libertação.[4] Como a teologia política trouxe uma contribuição essencial para a compreensão de que a teologia pode muito bem não dar conta apenas do que é espiritual ou até (filosoficamente) do que é existencial, mas também do que é sociopoliticamente condicionado, a teologia negra incluiu o corpo e o pensamento negros nessa abordagem, sendo, por isso, também política.

Chamá-la de *sopro antirracista do espírito* também significa dizer, com Peter Nash, que fazer teologia negra é "encarar o mundo bíblico com um olhar focado no sentido da África, seu berço, em vez de no da Europa, seu filho adotivo".[5] Assumir este lugar de enfrentamento profético direto ao racismo também ajuda a derrubar um dos argumentos básicos, e equivocados, utilizados para refutar a necessidade de uma teologia negra. Segundo este argumento, ela seria desnecessária porque a perspectiva racial seria irrelevante para a teologia e para a igreja. Falar de uma teologia negra, segundo esta perspectiva, seria nada mais que uma ideologização da teologia, considerando que importantes nomes da patrística, também chamados Pais da Igreja, nasceram no continente africano, como Cipriano de Cartago, Tertuliano ou o próprio

Santo Agostinho (além dos papas Melquíades e Vitor I), e que eles não tornaram, por isso, a questão da raça um fator a ser levado em consideração. Seria quiçá uma ideologia herética, ou uma espécie de preciosismo sectário. Mas é exatamente por isso que defino a teologia negra como um sopro antirracista do espírito. Está em seu horizonte a criação e a humanidade, ambas absolutamente afetadas pela colonização, pela escravidão e pelo racismo. Não por acaso, todos os autores e autoras da teologia negra vão se referir a isso, em maior ou menor grau, como fatores estruturantes do seu tempo.[6]

Pode ser que uma teologia negra não fosse necessária na formulação teológica de Tertuliano porque seu universo teológico estava em conflito discutindo a *parusia* e a legitimidade ou não da sucessão apostólica. Talvez uma teologia negra não fosse necessária na formulação teológica de Santo Agostinho porque preocupado demais ele estava combatendo os argumentos teológicos de donatistas* que se recusavam a perdoar e aceitar o sacerdócio de *lapsos*, tidos como apóstatas, negando-se a se manter fiéis ao cristianismo durante a perseguição.

Nem Tertuliano, Agostinho ou Cipriano viram a Europa se tornar o centro do universo, hierarquizando a humanidade em raças superiores, inferiores e não humanas, usando a Bíblia para sacralizar a transformação de um corpo humano em

---

* De maneira resumida, o conflito donatista, no qual Agostinho se envolve, tinha como questão principal a recusa em perdoar e aceitar de volta na igreja aqueles que negaram a fé durante a perseguição do imperador romano Diocleciano. Ao fazê-lo, pouparam a vida e entregaram muitos à morte, condenando textos sagrados a serem queimados. Eram então chamados *lapsos*, termo latino para o grego *anátema*.

um produto a ser comercializado como animal, sem alma, objetificado como um minério a ser explorado, extraído e vendido ao redor do mundo. Ninguém sabe o que Agostinho diria se tivesse visto o que foi feito com os povos negros de África desde que o colonialismo, o racismo e o capitalismo se uniram. E por "ninguém sabe", quero dizer que não está evidente o sinal para especular se ele teologicamente sustentaria ou denunciaria tal sistema.

Não sabemos o que alteraria a formulação teológica de Cipriano de Cartago ao testemunhar o que os alemães luteranos fizeram na Namíbia, os holandeses calvinistas na África do Sul ou, junto aos franceses, no Caribe, os anglicanos, ou batistas e presbiterianos, no sul dos Estados Unidos e na Jamaica, e os portugueses e espanhóis católicos no Brasil e na Colômbia. Mas podemos ver o que Achille Mbembe nos diz. Afinal, ele, filósofo e africano, viveu e testemunhou no corpo as ameaças que o ser negro sofre:

> Permanecerá inacabada a crítica da modernidade enquanto não compreendermos que o seu advento coincide com o surgir do *princípio de raça* e com a lenta transformação deste em paradigma principal, ontem como hoje, para as técnicas de dominação.[7]

Entre os séculos XV e o XIX, a geopolítica do planeta e a noção espacial global mudam de forma profundamente drástica. E é preciso destacar que o século XIX, em particular, testemunha o fortalecimento e o protagonismo das novas ciências que surgem. História, sociologia e antropologia contribuem para difundir uma leitura do mundo a partir da Europa como modelo de civilização. Nessa leitura, estão a descrição e a definição dos povos colonizados como um outro, distinto e inferior. Permitam-me trazer Mbembe mais uma vez, com sua síntese desse processo que reconfigura o mundo e nossa própria noção dele, elencando quatro formas de mobilização e trânsito intercontinental que constituem as migrações desse período.

> A primeira é o extermínio de povos inteiros, nomeadamente nas Américas. A segunda é a deportação, em condições desumanas, de carregamentos de milhões de negros para o Novo Mundo, onde um sistema econômico fundado na escravatura contribuirá de maneira decisiva para a acumulação primitiva de capital, a partir daí transnacional, e para a formação das diásporas negras. A terceira forma é a conquista, a anexação e a ocupação de um sem-fim de terras até então desconhecidas da Europa, e a submissão à lei do estrangeiro das suas gentes onde antes eram governados segundo modalidades muito diversas. A quarta tem a ver com a formação de Estados racistas e as lógicas de "autoctenização" dos colonos, como são exemplo os africâners na África do Sul.[8]

Contudo, num mundo em que a religião ainda é senhora e dá as cartas (mesmo quando o pensamento ilustrado ocidental se vê lutando contra a ingerência da igreja), colonialismo, racismo, imperialismo e capitalismo não viveriam sem uma alma, e sua alma é o cristianismo ocidental e sua teologia. A modernidade traz consigo o cristianismo para legitimar teologicamente tanto a colonização quanto a escravidão. Seja absurdo ou pseudocoerente, todo tipo de argumento surge para justificar o imaginário sobre o continente africano como um lugar que Deus amaldiçoou, uma terra estranha, recinto de feitiços, primitivo. Por outro lado, o mundo será salvo pelo mundo branco, seu pensamento, sua ciência, suas armas, sua civilidade, sua religião.

A teologia negra sabe que não pode arrogar para si um lugar de teologia universal/universalizante. Como veremos adiante, ela também conviveu com críticas constantes, inclusive internas. O respeito e o prestígio de James Cone não impediram que sua forma de conceber a teologia negra também fosse alvo de críticas. Teólogas negras não hesitaram em criticar o machismo persistente dentro da própria teologia negra, que invisibilizava a condição da mulher negra como o mais vulnerável dos corpos na sociedade, silenciando sua produção. Teólogos da teologia negra africana criticaram a excessiva hegemonia da teologia negra estadunidense e o tempo que esta demorou a se aproximar das lutas semelhantes de irmãs e irmãos, por exemplo, na África do Sul. E há mesmo quem resista a reconhecer a teologia negra e a teologia africana como a mesma teologia ou o mesmo movimento teológico.

No entanto, longe da fragilidade que as críticas e autocríticas queiram demonstrar, a teologia negra tem a sua humanidade exposta, assim como a sua vocação de estar aberta a diálogos plurais e aos embates rumo à libertação — o que ainda é a sua força. Sua atualização continua porque, ao longo dos séculos, as formas de neutralizar a vida e a libertação plena e o acesso à igualdade do povo negro continuam se atualizando em cada lugar. O argumento de que a teologia negra é uma invenção que visa dividir ou segregar a igreja ou a compreensão sobre Deus, ou que se mostra contrária ao

Cristo no qual Paulo afirma não haver "grego ou judeu, escravo ou livre, pois todos são um" (Gálatas 3,28), não poderia ser mais equivocado ou desonesto. A teologia negra vem na verdade reafirmar o que é dito pelo apóstolo Paulo, e denunciar que o que ele afirmou não está acontecendo. Comprometida com uma teologia eurocêntrica ou forjada no cristianismo conservador, fundamentalista e de passado escravocrata dos Estados Unidos, não é difícil perceber que a maioria esmagadora de nossos seminários teológicos e nossas faculdades de teologia continuam ignorando teólogos negros, teólogas negras e a teologia africana em suas disciplinas e bibliografias oficiais A teologia negra tem a consciência do seu lugar profético, de sua vocação e do que James Cone tão bem fez questão de destacar para que não houvesse dúvida sobre o que a teologia de fato é:

> Porque a teologia cristã é discurso *humano* sobre Deus, ela está sempre relacionada com situações históricas, e assim todas as suas asserções são culturalmente limitadas. [...] A teologia não é linguagem universal; é linguagem interessada e, assim, é sempre uma reflexão das metas e aspirações de um povo em particular num contexto social definido. [...] Teologia é discurso *subjetivo* acerca de Deus, um discurso que nos conta mais acerca das esperanças e sonhos de certas pessoas sobre Deus do que acerca do Criador do céu e da terra.[9]

Quem estabeleceu a "teologia clássica" dos Pais da Igreja, da escolástica, a teologia reformada ou católica, todas feitas por homens (apenas homens, tendo a Europa como centro), como a porta-voz legítima da revelação? Aqui não está sendo dito que a teologia negra nega ou despreza a teologia clássica, ou que não reconheça as contribuições que com ela permitem diálogos. Teólogos como Reinhold Niebuhr, Paul Tillich, Dietrich Bonhoeffer e Jürgen Moltman exerceram profunda influência em sua formação. Teólogas como Elisabeth Fiorenza e Ivone Gebara também são referências, e mesmo James Cone já foi chamado de verdadeiro "barthiano".[10] Nomes da libertação latino-americana como Leonardo Boff e Gustavo Gutiérrez também têm papel fundamental na formulação teológica de muitos teólogos negros e teólogas negras. São pensadores que seguem sendo admirados.

Portanto, a teologia negra não prega nenhum ressentimento para com a teologia clássica, a teologia concebida na Europa ou os Pais da Igreja. O que a teologia negra vai sempre afirmar é que o abstratismo conceitual europeu ocidental não tem a primazia da compreensão sobre Deus, sobre o evangelho, sobre Jesus e sobre a ação do espírito. Para ser montado de modo completo, o quebra-cabeça da revelação deve incluir a ancestralidade africana, denunciando o apagamento de seu povo e sua história e não permitindo que a sua escravidão de ontem e seu extermínio, opressão e marginalização em curso ainda hoje sejam esquecidos. A teologia negra denuncia a sustentação do pecado pela teologia hegemônica, tida como única. Há teologia no corpo negro, no seu sangue, na sua oralidade.

A teologia negra é o desconforto na consciência da sociedade ocidental, que se recusa a reconhecer os legados nocivos e injustos de seu passado escravocrata e colonizador. A comunidade internacional, que mostra profunda sensibilidade política a respeito da tragédia do Holocausto sofrido pelos judeus, resiste a reconhecer os efeitos devastadores de séculos de escravidão. A teologia negra, portanto, é o profetismo indesejado, visto que trata de profetas e profetisas que impedem as igrejas de dissimularem o racismo — assunto desconfortável e constrangedor — escondendo-se atrás da declaração de que "aos olhos de Deus somos todos iguais".

É possível que uma boa definição do que é teologia negra tenha sido proposta e descrita pela *Declaração do Comitê Nacional do Clero Negro*, em 13 de junho de 1969:

> A teologia negra é uma teologia da libertação negra. Ela procura sondar a condição negra à luz da revelação de Deus em Jesus Cristo de modo que a comunidade negra possa ver que o Evangelho é coincidente com a realização da humanidade negra. A teologia negra é a teologia da "negritude". É a afirmação de humanidade negra que emancipa os negros do racismo branco, proporcionando assim autêntica liberdade, tanto para as pessoas brancas como para as pessoas negras.[11]

Por fim, a teologia negra surge porque o racismo se tornou insustentável no mundo, a ponto de colonizar as formas de todo um povo acessar a Deus e a se reconhecer nele como imagem e semelhança. O racismo se torna, com a modernidade, o que o mal se tornara em Sodoma* e Gomorra,

---

* Uma vez que a destruição de Sodoma é uma história conhecida por sua associação, equivocada, com a sexualidade ali praticada, considero importante citar o versículo no qual se encontra a razão efetiva da destruição da cidade, a saber, Ezequiel 16,49: "Eis que esta foi a iniquidade de Sodoma, tua irmã: Soberba, fartura de pão, despreocupação tranquila tinha ela e suas filhas para usufruir seus bens; mas nunca deram um amparo ao pobre e ao necessitado".

precipitando sua destruição pelo próprio Deus. O racismo se torna a torre de Babel, construída como símbolo de uma homogeneidade proposta pelos povos que detêm o poder e querem a mesma língua, a mesma imagem, engolindo ou anulando a diferença. Deus destrói a torre e institui (reconhece) a diversidade.

Surge a teologia negra

Nos Estados Unidos, é comum datar o surgimento da teologia negra como ocorrido no fim da década de 1960, e com certeza sua origem está orientada por episódios que aconteciam por lá: desde o aumento organizado das lutas promovidas tanto pelos movimentos pelos Direitos Civis quanto o Black Power. Para alguns, o ano exato seria 1969, com a publicação de *The Black Theology and Black Power*, primeiro livro de James Cone, pioneiro em oferecer de fato uma espécie de sistematização da teologia negra — o que também mostra o acúmulo obtido pela influência de publicações anteriores. Há, no entanto, quem considere o ano de 1966, com a publicação em 31 de julho da declaração *O poder negro* pelo Comitê Nacional do Clero Negro, com sede em Nova York, na qual líderes cristãos negros davam uma resposta direta ao governo e à classe média cristã branca estadunidense, que criticavam os distúrbios causados por negros e negras, jovens em sua maioria, contra a segregação e a supremacia branca no país:

> Deploramos a violência declarada dos distúrbios, mas acreditamos que é muito mais importante evidenciar as fontes reais

das erupções. Essas fontes podem ser incitadas dentro do gueto, mas suas causas básicas se acham na violência silenciosa e encoberta que a classe média branca da América inflige às vítimas da cidade interior.[12]

Cabe também destacar que uma década antes, em 1956, publica-se no continente africano o documento *Padres negros interrogam-se*, elaborado por teólogos e sacerdotes católicos e considerado a primeira reação organizada com o objetivo de repensar a teologia feita na África, embora ainda sem sistematização. De fato, a publicação torna-se uma reação de sacerdotes negros, desejosos de pensarem com profundidade o cristianismo, ou a religião bíblica totalmente europeizada, que chega ao continente africano branca e ocidental, desconectada do contexto de onde grande parte das narrativas bíblicas acontecem ou são vivenciadas.

De qualquer forma, mesmo que tal documento esteja situado na década de 1950, o período de produção inicial mais denso e prolífero da teologia negra como teologia organizada, epistemológica e academicamente, só pode ser observado a partir do fim da década de 1960. As marcas fortes desse surgimento estão polarizadas entre os movimentos pelos Direitos Civis nos Estados Unidos e o assassinato de Martin Luther King em 1968. No continente africano, inserem-se no contexto da luta contra o apartheid na África do Sul, com destaque para o movimento da Consciência Negra, um forte levante de resistência, entre 1968 e 1977, marcado pela presença ativa de teólogos e líderes religiosos, além do engajamento de seminários e igrejas negras.

Brasil

No Brasil, a produção da teologia negra só chega efetivamente na década de 1980. É nesse momento que são traduzidos para o português os livros *O Deus dos oprimidos* e *Teologia negra*, de James Cone, sendo este último em parceria com Gayraud S. Wilmore. Publicam-se também *De igual pra igual*, do luterano João Guilherme Biehl, e *Teologia africana, uma introdução*, uma pequena obra de autoria do pastor metodista sul-africano Gabriel M. Setiloane, originalmente de 1986 e cuja tradução para o português é de 1992. Tais publicações ajudaram o público brasileiro a ter contato com a teologia negra, já em plena consolidação e produção nos Estados Unidos e na África do Sul.

No entanto, só vamos conhecer de fato uma produção brasileira sobre teologia negra, sobretudo acadêmica, a partir da década de 1990, e isso muito se deve ao professor afro-americano Peter Nash. À frente do Grupo Identidade, criado e coordenado por ele na Escola Superior de Teologia (EST) em São Leopoldo, Nash fomenta ricas contribuições a partir de obras apresentando a teologia negra. Também é relevante o papel do Centro Atabaque de Cultura Negra e Teologia — um grupo de reflexão interdisciplinar sobre teologia e negritude fundado em 1990 em São Paulo — na formação de um pensamento teológico negro no Brasil, bem como na construção conjunta do diálogo entre a tradição cristã e as demais religiões de matriz africana.

Teologia negra e da libertação

A teologia negra não deve ser considerada uma das teologias que derivam, ou seriam herdeiras diretas, da teologia da libertação, uma vez que o contexto temporal de formação e surgimento da teologia negra se equipara ao da teologia da libertação na América Latina. Se Gustavo Gutiérrez publica *Teologia da libertação* em 1971, Cone publica *A Black Theology of Liberation*, seu segundo livro, em 1970. Se houve a Conferência de Medelín em 1968, quando a Igreja da América Latina assumiu uma posição libertadora frente à opressão do continente, desde 1963 já ocorria a Conferência das Igrejas de Toda a África, sendo a busca e a construção de uma teologia africana* seu tema.

Isso não implica uma rivalidade com a teologia da libertação, e sim uma profunda convergência de trajetória e propósitos. A libertação é expressão-chave e identidade comum reconhecida em Deus pelos teólogos e teólogas que pensaram a partir da história de Deus com o povo negro, bem como pelos teólogos e teólogas que pensaram a partir da história de Deus com os pobres da América Latina. Não são poucas as publicações e textos que, ao tratarem da teologia negra, consideram-na muitas vezes uma teologia negra de libertação, uma forma de reafirmar o compromisso comum que perpassa ambas as teologias: o anúncio da boa-nova como

---

* Como já dito, e veremos adiante, há teólogos e teólogas que preferem usar "teologia africana" e não "teologia negra", quase sempre por considerá-la muito mais um movimento teológico que surge nos, e que é restrito aos, Estados Unidos. Nunca houve um embate de fato por conta dessa distinção, talvez muito mais uma forma de afirmar a identidade africana.

denúncia profética da injustiça e como acolhimento de esperança para a transformação que assume a forma de liberdade e superação da opressão. Aqui, portanto, opto por afirmar a teologia negra, e a distinção vale sobretudo para situá-la da melhor forma.

Por fim, falando do nascimento da teologia negra, é importante ter em mente que ainda que isso se situe, na condição de teologia sistematizada, na década de 1960, a teologia negra tem uma gênese — um processo de formação, um contexto que permitiu que teólogos negros e teólogas negras chegassem até a sua formulação. A gênese da teologia negra está nos diversos povos negros trazidos forçosamente para as Américas, ou que resistiram ao colonialismo europeu na África a partir do século XVI. Eles e elas encontraram forças e imaginação para não perderem a esperança, a identidade e, sobretudo, sua espiritualidade e a fé no seu Deus.

Principais características

Ao abordar as características que identificam a teologia negra, não pretendo fechar qualquer questão sobre isso. Antes, trato de marcas fortes que de alguma forma estão presentes na teologia negra, seja como é concebida no continente africano, no Caribe, nos Estados Unidos ou na América Latina. Esta classificação, portanto, é fruto da percepção de características comuns, à medida que fui estabelecendo contato com a teologia negra e sua experiência ao redor do mundo.

Territorialidade

A teologia negra se debruça sobre o território material e imaterial, porque o povo negro valoriza o seu chão, o seu território. A espacialidade é, ao mesmo tempo, lugar de formação e construção de identidade, é a comunidade atravessada pelo tipo de solo, o som do vento, a sacralidade das águas, das árvores, o solo onde se dança, se celebra, se luta e se sangra. Portanto, ao colocarmos a territorialidade como uma das características observadas na teologia negra, dizemos que não há como separar a espiritualidade do lugar com o qual ela se relaciona. Aqui vale uma clássica reflexão sobre a relação entre território e corpo, elaborada pelo antropólogo Maurice Godelier e lembrada por Rogério Haesbaert:

> O que reivindica uma sociedade ao se apropriar de um território é o acesso, o controle e o uso, tanto das realidades visíveis *quanto dos poderes invisíveis* que a compõem e que parecem partilhar o domínio das condições de reprodução da vida dos homens, tanto a deles própria quanto a dos recursos dos quais dependem.[13]

Se substituirmos "acesso, controle e uso" por *manifestação, experiência* e *fruição*, daremos mais sentido ao que queremos destacar aqui e entenderemos ainda melhor o lugar dos "poderes invisíveis" nessa relação. O povo negro reivindica do território não apenas a sua paisagem e natureza, mas a força, a energia, o axé vital, ou, em palavras mais evidentes, reivindica sua dimensão religiosa e espiritual, que move e inspira a vida. O território é solo indissociável da manifestação do povo negro. No território se dá a experiência do povo negro, e experiência e território nunca são separados. O território, e tudo que o constitui, atravessa a capacidade de fruição do povo negro e a construção de sua história. Ele se apresenta, portanto, como pedra de toque.

Tendo sido o território e o espaço (material e imaterial) africanos profundamente alterados pela colonização e a escravidão por parte dos europeus, a diáspora torna-se não apenas um movimento que desloca corpos geograficamente mas também espiritualmente, religiosamente. Lembremos, por exemplo, do romance de Édouard Glissant *O quarto século*, no qual a dura narrativa que retrata memória e resistência é quase que ritmicamente marcada pelos "lugares", pelos "espaços". É o mar um túmulo de corpos negros, mas também refúgio daqueles cuja morte não é destino forçado, e sim uma escolha pela libertação. É preferível morrer no mar a ter a vida escravizada no chão antilhano. Nas Antilhas, a floresta, as colinas, a luta e a busca pela libertação — a tentativa de (re)construir em outro território, separado pelo Atlântico, a conexão corporal-espiritual-imaginativa com o lugar perdido.

Por isso a teologia negra se mostra também comprometida a refletir a favela, a periferia, o campo, os quilombos, os assentamentos, as reservas indígenas. Uma geografia bíblica sempre foi importante para a teologia clássica. Desperta curiosidade e é importante saber sobre onde de fato reinos descritos na Bíblia estavam situados, os locais onde prováveis batalhas foram travadas ou que nomes têm nos dias atuais. Mas para a teologia negra também foi determinante *racializar* esses territórios. Sim. Visto que o racismo e o pensamento antinegro, antiafricano, ocupou um lugar crucial nas construções teológicas do Ocidente, fez-se necessário reivindicar que o povo negro estava na Bíblia, e não como objeto passivo de conversão, mas como protagonistas relevantes de grande parte das histórias que conhecemos.

Nesse sentido, faz, sim, diferença destacar a negritude de Tamar, Asenet e Rute como matriarcas bíblicas negras que foram. Assim como torna-se necessário destacar que, conforme nos lembram Elaine Vigianni e João Jairo de Carvalho, "famílias negras inteiras e clãs negros inteiros se aliaram para formar o que chamamos de 'o Israel bíblico'".[14]

Não é difícil imaginar então por que a teologia negra não vai ignorar a senzala e as favelas, tampouco o quilombo e os assentamentos. Da mesma forma, a violência que marca muitas das periferias (se não todas) no Brasil é objeto de reflexão e denúncia. Sobretudo porque grande parte desses territórios é ocupada por igrejas diversas, de denominações diversas e, sendo assim, faz-se necessário pensar em como as vidas nesses territórios se vulnerabilizam.

Afrocentricidade

Como não poderia deixar de ser, ao deslocar a centralidade da Europa em suas argumentações, a teologia negra liberta a si mesma de uma percepção e forma de compreender o Deus libertador, o Deus da vida, a partir dos olhos/lentes azuis europeus e sua gramática. O continente africano é uma espécie de *Sitz im Lebem* primeiro de toda a narrativa da teologia negra e onde os seus referenciais se encontram. Aqui, o conceito de *afrocentricidade*,[15] conforme sistematizado pelo americano Molefi Kete Asante, é um ponto de similaridade, ainda que não declaradamente, reconhecido, visto que este não perde do seu horizonte ancestral a vida do povo negro pré-diáspora.

Não é uma substituição da Europa pela África no lugar central e detentor do conhecimento e da revelação (mais uma vez, não é a disputa pela epiderme de Jesus e da geografia das histórias bíblicas): é a implosão desse lugar, de tal maneira que não haja mais um lugar central, mas lugares, em equidade de perspectivas, e cujas contribuições dialoguem para uma convivência de saberes. Ter a África como referência é trazer a geografia bíblica para o centro da discussão sobre a revelação na história, conforme a proposta teológica de Wolfhart Pannenberg. Não é mera casualidade o lugar que o continente africano ocupa na história do plano de Deus. Os ataques que o continente sofre no curso da história, em especial a partir da modernidade, têm relevância direta, social, política, cultural e religiosa em como a teologia é construída e pensada para ele e o seu povo.

Ter, e manter, a África e sua história como referências é trazer para o debate todas as violências e violações que atravessaram os povos negros, sobretudo a partir da era moderna. É buscar as investidas feitas pela colonização, que resultaram na destruição de impérios seculares e milenares e no desaparecimento da memória de algumas histórias que se conectam diretamente com a Bíblia, bem como no embranquecimento de territórios, personagens e contextos, neutralizando qualquer assimilação com o território africano e sua cultura. A construção do imaginário de um lugar composto de selvagens, primitivos, feiticeiros e pobres é a vitória da colonização e do Ocidente, erguendo no imaginário coletivo uma África desprovida de história e de saber. O europeu se apresenta ao mundo como um povo que tem valores, narrando sob a sua ótica que o africano teria pouco mais que instinto.

O avanço da modernidade e o progresso da era contemporânea legaram ao continente africano as sobras e migalhas deixadas por séculos de exploração imposta, tanto bélica quanto religiosamente, numa investida amparada de modo profundo e radical por uma teologia que decidiu negar ao africano humanidade e dignidade. Ou seja, decidiu negar-lhe a imagem e semelhança de Deus. Dos povos negros "sem alma", pouco restou de seus impérios e suas poderosas civilizações ou de suas tribos e clãs dinâmicos e autônomos. Restaram as cidades empobrecidas.

Os efeitos devastadores da colonização expropriam de tudo o continente africano. A modernidade deixa a África praticamente sem reinos e sem impérios, seus povos distintos tornando-se "cidadãos" a lutar pela sobrevivência. Sim, pois o africano, alvo da sede comercial e capitalista da modernidade, é alguém que luta pela liberdade e a sobrevivência. Vale a descrição de Frantz Fanon sobre esta cidade que resta:

> A cidade do colonizado, ou pelo menos a cidade indígena, a aldeia dos pretos, a *médina*, a reserva, é um lugar mal-afamado povoado de homens mal-afamados. As pessoas ali nascem em qualquer lugar, de qualquer jeito. E as pessoas ali morrem em qualquer lugar, de qualquer coisa. É um mundo sem intervalos, os homens se apertam uns contra os outros, as cabanas umas contra as outras. A cidade do colonizado é uma cidade faminta, faminta de pão, de carne, de calçados, de carvão, de luz. A cidade do colonizado é uma cidade acocorada, uma cidade ajoelhada, uma cidade estendida no chão.[16]

Não há novidade para nós nessa imagem descrita com fúria e lamento pelo importante pensador franco-antilhano. Então voltemos à teologia negra e compreendamos por que a África é sua referência. Uma teologia comprometida com a libertação começa pela libertação do imaginário e pela disputa hermenêutica de seu próprio território e povo. Ter a África como epicentro, tocar as vestes da *afrocentricidade*, é reconhecer que não há abstração espiritualizante na teologia negra: ela sabe onde a história do povo negro começa, tanto quanto onde a história do povo hebreu começa, e sua travessia como povo de Deus, pelo deserto e pela história. A diáspora, de outrora e de agora, une duas narrativas complementares de luta por libertação, autonomia e reconhecimento do lugar de pertença, de onde se parte e de onde se foi arrancado.

Ancestralidade e tradição

Para a teologia negra, as Sagradas Escrituras são fonte primária. Conforme nos ensina James Cone, embora reconheçamos a relação entre Escritura e tradição, em especial para a igreja dos primeiros séculos, não nos parece razoável imaginar o completo significado das Escrituras como descrito por aquelas igrejas, naquela tradição particular. Jesus Cristo é o assunto da teologia negra, o seu arquétipo. Ele é, portanto, o arcabouço da tradição. Ao mesmo tempo, Jesus é aquele que morre por nós, o primeiro entre os ressuscitados; em outras palavras, é o nosso ancestral.

Essa formulação é importante porque a teologia europeia guarda com apreço e reverência especial o lugar da tradição. Sendo a tradição uma espécie de instituição capaz de preservar o conhecimento e de se manter como sua fonte e zeladora, ela é via de regra um patrimônio imaterial de civilizações e culturas. Para a filósofa alemã Hannah Arendt, "a tradição do nosso pensamento político teve seu início definido nos ensinamentos de Platão e Aristóteles".[17] Mas nós sabemos que Platão e Aristóteles não influenciaram apenas o pensamento político, e sim toda a nossa história da teologia. Santo Agostinho e Tomás de Aquino, para citar apenas dois dos mais basilares nomes para a teologia, estão situados como pais da nossa tradição teológica a partir da identificação de cada um deles com um desses pensadores.*

Em contrapartida, a ancestralidade é um conceito e uma categoria típicos das culturas africanas. Unir ancestralidade e tradição como características da teologia negra é colocar no mesmo lugar de importância tanto uma quanto outra separadamente. A questão é que a tradição teológica europeia nega o lugar da ancestralidade.

Cada vez que os fariseus confrontavam Jesus reivindicando a memória do "pai" Abraão, ou mesmo quando Jesus evocava o nome e a Lei de Moisés, não estávamos falando apenas de tradição, estávamos falando de ancestralidade. A tradição quase sempre é evocada pelo saber e pela norma que dita. A ancestralidade, por sua vez, quase sempre está ligada

---

* Santo Agostinho é tido como aquele que "cristianizou" o pensamento platônico, assim como Tomás de Aquino é tido como aquele que "cristianizou" o pensamento aristotélico.

a quem deu corpo e vivência a essa tradição. O povo negro reverencia ancestrais, os seus mais velhos. Pensem na exortação de Deus ao povo, no capítulo 35 do livro de Jeremias:

> Assim diz o Senhor dos Exércitos, o Deus de Israel: vai e dize aos homens de Judá e aos moradores de Jerusalém: Porventura nunca aceitareis instrução, para ouvirdes as minhas palavras? — diz o Senhor. As palavras de Jonadabe, filho de Recabe, que ordenou a seus filhos que não bebessem vinho, foram guardadas, pois não beberam até este dia; antes, ouviram o mandamento de seu *pai*; a mim porém, que vos tenho falado a vós, madrugando e falando, vós não me ouvistes. Visto que os filhos de Jonadabe, filho de Recabe, guardaram o mandamento de seu *pai*, que ele lhes ordenou, mas este povo não me obedeceu, assim diz o Senhor, o Deus dos Exércitos, o Deus de Israel: Eis que trarei sobre Judá e sobre todos os moradores de Jerusalém todo o mal que falei contra eles; pois lhes tenho falado e não ouviram (Jeremias 35,13-4;16-7).

Parece que esta passagem é evidente o bastante. "Beber vinho" era uma tradição para os recabitas, mas, ao evocar essa tradição, Deus destaca mais do que a obediência à tradição: a obediência está na preservação da ordem de seu pai Jonadabe. Por essa razão, onde o texto na versão da Bíblia usada por este livro traz a palavra "pai", ela foi grifada, para chamar a atenção para o fato de que onde está "pai", nós poderíamos ter "ancestral".

Nossos ancestrais negros em diáspora conheceram a violação, a vexação, o desterro enquanto suas terras eram sumariamente invadidas e controladas. Um desmantelamento de famílias que nunca mais voltaram a se reencontrar, seus corpos foram produtos finos no degradado comércio de tráfico humano, com atenção especial para as muitas, milhões, de mulheres negras violentadas, queimadas e acusadas de feitiçaria ou testemunhas da morte dos filhos e companheiros. Como bem expressou Maricel Mena López, "a memória dos ancestrais é fundamental para a compreensão das cosmovisões de mundo dos diversos grupos étnicos trazidos para a América Latina e o Caribe".[18]

A memória seria então o fundamento real capaz de nortear o agir, de retirar das ações, pensamentos e posicionamentos a mecanicidade da resposta a um conjunto de normas. Vemos, por exemplo, a força que tem o apelo à memória no livro do Deuteronômio. Parece que, à revelia do Decálogo, a exortação feita por YHWH aponta para uma forma de gratidão ao relacionamento que Ele estabeleceu com o povo caminhante no deserto, já liberto da servidão no Egito — uma gratidão que deveria ser materializada na maneira como o Outro seria tratado. Porque no fim é disso que se trata: como nossa memória nos condiciona e influencia nossas ações para nos colocar diante do outro. Por isto então: "Amanhã, quando o teu filho te perguntar: 'Que são estes testemunhos e estatutos e normas que YHWH nosso Deus nos ordenou?', dirás ao teu filho: 'Nós éramos escravos do Faraó no Egito, mas YHWH nos fez sair do Egito com mão forte'" (Deuteronômio 6,20-1).

Agora o povo mostra sua fidelidade ao seu Deus na medida em que honra, não perde de vista, esse ponto de referência. Veja, por exemplo, que após o sétimo ano de serviço, se um escravizado quisesse partir, o hebreu deveria deixá-lo ir, mas não sem nada, não de mãos vazias. Era preciso provê-lo do que fosse necessário para que pudesse reconstruir a sua vida, de maneira autônoma e com dignidade. E por que razão isso deveria ser feito, se não havia qualquer prescrição legal como justificativa? Porque a memória lhe mostraria que "foste escravo na terra do Egito, e que YHWH, teu Deus, te resgatou" (Deuteronômio 15,12-5). Aqui entra em evidência a força do verbo hebraico *zachar*, que significa "lembrar", "recordar". Nesse caso, não é pura e simplesmente lembrar, mas uma lembrança que exige, por conta disso, uma fidelidade, um compromisso com o que a memória reporta. Quando o Deuteronômio introduz o *zachar* como exigência de YHWH, ele o introduz com a força de rememorar ao povo a tradição do êxodo (que inclui também, evidentemente, desde a opressão e a injustiça que sofreram no Egito até o percurso no deserto).

Da mesma maneira, o direito do estrangeiro e do órfão deveria ser assegurado. Mais do que isso, ele não deveria ser tocado, pervertido, maculado. Estrangeiros, órfãos e viúvas — categorias de fragilidade que YHWH fazia questão de manter em evidência e alvos permanentes do cuidado e da preocupação do povo hebreu.

> Não perverterás o direito do estrangeiro e do órfão, nem tomarás como penhor a roupa da viúva. Recorda que foste escravo na terra do Egito, e que YHWH teu Deus de lá te resgatou. É por isso que eu te ordeno agir deste modo (Deuteronômio 24,17-8).

Assim entende também Paul Ricoeur. "Somos devedores de parte do que somos aos que nos precederam", diz ele em seu clássico *A memória, a história, o esquecimento*. E completa:

"O dever de memória não se limita a guardar o rastro material".[19] No "dever de memória" estão então o compromisso e a fidelidade para com o que o legado da memória evoca. O próprio Ricoeur vai chamar a atenção para o fato de que a expressão "Deus de nossos pais", tão presente nos escritos veterotestamentários, é capaz de testemunhar o caráter histórico da revelação bíblica.[20] Não é uma narrativa etérea, desencarnada. Tal revelação perpassa a história, se impregna dos fatos que marcam a vivência experiencial, sensível, na terra por onde passa.

O teólogo angolano Júlio Estendar fala da força dos antepassados para a religiosidade tradicional banto. "Os antepassados", segundo ele, "produzem a ordem, reproduzem a legitimação desta, vigiam os descendentes e livram-nos dos inimigos."[21] Os antepassados são a permanência contínua da ancestralidade que não está distante, fixada num tempo passado, mas viva no presente da comunidade. Esse lugar memorial dos antepassados é a reverência à ancestralidade, presente na Bíblia, presente de maneira muito forte no povo africano.

A teologia negra não pensa a história da tradição sem reverência à ancestralidade porque há um vínculo histórico entre a dor dos nossos ancestrais e a dor de Jesus Cristo. Ele é nossa tradição ancestral, não sendo propriedade de uma tradição teológica específica, porque se tornou acessível pela revelação e o registro nas Escrituras. Quando Deus se apresenta dizendo ser "o Deus de teus pais", ele está, sim, dizendo que é "o Deus dos teus ancestrais". Quando empreendeu um incrível plano de libertação de suas irmãs escravizadas e de seus irmãos escravizados nas fazendas dos Estados Unidos, a ex-escravizada Harriet Tubman evocou seu ancestral Moisés e seu chamado para conduzir o povo hebreu, cativo no Egito, à liberdade, atravessando o deserto e o mar.

Corporalidade

O corpo também é central na teologia negra. Não seria teologia negra se a dimensão do *corpo* não ocupasse um lugar chave de reflexão e de fazer teológico. É com o corpo que a teologia negra confronta as tentativas de abstração do ministério de Jesus. Sim, filho de Deus, um com a primeira pessoa da Trindade, mas homem, humano, com carne e sangue. Nos discursos teológicos sobre o povo negro, ele era desprovido de alma, mas a prática de violência e vexação que este discurso produzia e legitimava era imputada sobre o corpo. O cristianismo ocidental europeu se deu o direito de divergir sobre o lugar do corpo. A teologia negra não tem esse direito, porque para ela a revelação tocou o corpo, e o compromisso de libertação do Deus libertador veio operar sobre o corpo. Como compartilhou Nancy Cardoso, "são corpos que gritam, exigem, chamam a atenção, exclamam, reclamam, denunciam, imploram". São portanto "corpos na luta cotidiana pela vida".[22] São os corpos listados no Evangelho de Mateus, no capítulo 25, o que vai muito além de uma metáfora usada apenas como recurso pedagógico para falar de salvos e condenados.

É o corpo, sempre o corpo nu, não apenas pela ausência das vestes, mas nu sem proteção contra a violência, os maus-tratos, corpo nu e indefeso diante do controle inclemente do Estado e das incertezas, dos riscos e inseguranças da vida social. Acrescentemos a esse entendimento do nu que ele não é só o corpo, mas toda uma vida e existência, segundo a definição de vida nua oriunda do italiano Giorgio Agamben e tão bem lembrada por André Duarte: "A vida que somente cai na esfera da política na medida em que dela pode ser eliminada sem mais, sem que com isso se cometa um crime".[23] É esse corpo nu, vulnerável, abandonado que marca presença.

Quando Jesus lembra esses corpos nus, carentes de vestes — as vestes não são suas roupas, são seus cuidados, seu corpo que (re)veste outros corpos —, ele se reporta a ele mesmo, ele, que seria o Cristo abandonado, segundo essa imagem linda e poderosamente refletida por Moltmann em seu *O Cristo crucificado*. O teólogo alemão afirma que a gente só entende a diferença da "morte de Jesus das outras cruzes na história do sofrimento humano" quando vemos seu abandono por parte de Deus e Pai. "Jesus", diz Moltmann, "morreu em singular abandono da parte de Deus."[24] É a força de uma contradição que nos agride. Todos os dias, a vida nua desses corpos violados pela pobreza e pela negação do reconhecimento pede socorro. Estão abandonados, são chacinados, executados, eliminados, desaparecidos, arrastados, agredidos. Corpos nus. E nus foram muitos corpos que chegaram às Américas, trazidos como mercadoria pela colonização.

É o corpo do estrangeiro. Não apenas o estrangeiro pátrio, não apenas os exilados nacionais. Os estrangeiros são os indesejáveis, novos forasteiros das cidades, vítimas silenciadas da segregação socioespacial, das famílias dos miseráveis expulsos das propriedades dos donos-senhores, no campo e na cidade. Construtores de favelas, mão de obra dos alienados da própria vida, escravizados assalariados, removidos a qualquer hora em função de uma política pública de gentrificação, ansiosa por transformar cidades e territórios em produto. Nessa nova lógica de cidade, o cidadão só é entendido como cliente, aquele capaz de se bancar como usuário de bens e serviços. Como a conclusão do geógrafo Márcio Piñon nos ajuda a entender, "cidadão é aquele que pode participar como consumidor e usuário da cidade; o que não pode encontrar-se-á, cada vez mais, à margem dela".[25] E nós sabemos que nas cidades das Américas e do Caribe o povo negro veio para ser produto de consumo e não consumidor, alijado de qualquer direito de usufruto.

Desse modo, a dimensão da corporeidade se faz fundamental para a teologia negra. O autor da carta aos Hebreus recomenda: "Lembrei-vos dos prisioneiros, como se vós fôsseis prisioneiros com eles, e dos que são maltratados, pois também *vós tendes um corpo*" (Hebreus 13,3). Aqui destacamos mais uma vez o que consideramos essencial: "tendes um corpo". A teologia negra é ciente de como o corpo negro foi tratado ao longo da história e da história do povo negro. O sofrimento de Jesus na cruz mostra que ele sentiu as dores que o povo negro sentiu em todas as violências que sofreu ao longo dessa história. Por isso a teologia negra não lida com as Escrituras como abstrações espirituais que não necessitam de encarnação; ela está pronta a enfrentar, portanto, as muitas acusações recebidas de ser uma "teologia militante", que "dá ênfase demais às questões da terra, às questões sociais". James Cone nos ajuda a entender por quê:

> Porque os teólogos brancos vivem numa sociedade que é racista, a opressão do povo negro não ocupa um importante item na

agenda teológica deles [...]. É óbvio que pelo fato de os teólogos brancos não terem sido escravizados nem linchados e de não terem sido colocados em guetos por causa da cor, eles não pensam que a cor seja um importante ponto de partida para o discurso teológico. [...] Enquanto os pregadores e teólogos brancos frequentemente definiam Jesus Cristo como um Salvador espiritual, o libertador das pessoas e do pecado e da culpa, os pregadores negros eram inquestionavelmente históricos. Eles consideravam Deus o libertador na história.[26]

Com essas declarações do pai da teologia negra estadunidense parece ser mais fácil entender por que a corporeidade tem lugar primordial aqui. Afirmar o corpo não é negar a espiritualidade e o que se dá no plano espiritual; afirmar o corpo significa tão somente afirmar o corpo. É dizer que a história da revelação atravessa corpos, e não os ignora para valorizar exclusivamente a alma. No corpo, as lutas. No corpo, a identidade e o sangue. No corpo, a sexualidade e a imaginação.

Cosmovisão dialogal e inclusiva

A teologia negra reconhece sua história, sua ancestralidade, bem como a subjugação, apropriação, usurpação e negação da espiritualidade do povo negro pelo colonialismo. Sendo assim, diferente das teologias formadas pelo *uni-versalismo* salvacionista europeu, ela se abre à espiritualidade ancestral africana, na qual também se inclui. Reconhece e dialoga com a preservação da memória e das identidades plurais do povo negro disperso pela diáspora e mantida zelosamente pelo candomblé no Brasil, a resistência do vodu haitiano, a santería cubana, o shango de Trinidad, o winti do Suriname. Com isso estou falando da abertura da teologia negra ao ecumenismo, ao movimento inter-religioso, ou mesmo ao que Maricel Mena López prefere chamar de *macroecumenismo*.

Reconhecendo esse lugar de gênese da sua história, não há qualquer possibilidade de conciliação entre a teologia negra e a demonização das demais religiões de matriz africana. Teólogas e teólogos da teologia negra são unânimes em reconhecer que não é possível se entender como portadora única da revelação e, muito menos, da salvação. Não é possível dar conta sozinha (assim como não o é para nenhum sistema religioso, nenhuma tradição teológica, nenhuma compreensão e discursos sobre Deus) do *mistério* de Deus. Fiel à compreensão de que "o espírito é como o vento, sopra onde quer", a teologia negra entende a liberdade do espírito para fazer exatamente isto, soprar onde quer, e se autorrevelar da maneira que lhe apraz e sem imposições.

Também vale ressaltar que a teologia negra, tratando do Deus libertador, compreende que a religiosidade e a espiritualidade típicas do povo negro o ajudaram, nos vários territórios das Américas e do Caribe, em virtude da colonização e do tráfico negreiro, a resistir e, sobretudo, a sobreviver. Para a teologia negra, mais do que a compreensão de Israel como um povo coeso cuja fé está fechada em si mesma, há a compreensão de Israel como um povo liberto. Em outras palavras, mais que um povo coeso, Israel seria uma coletividade popular, que assume caminho e compromisso (devoção, fidelidade, oferenda, pacto, aliança, ou o que for) com o Deus que os liberta. Concordando com Elaine Vigianni e João Jairo, "Israel não se formou a partir de um pai comum; constituiu-se, sim, a partir de uma fé comum em um Deus que protegia diferentes clãs e tribos de um inimigo em comum".[27]

Portanto, é preciso considerar como as múltiplas espiritualidades do povo africano foram se reconfigurando e se ressignificando nos territórios onde ele forçosamente chegou. Nesse sentido, o olhar está sobre como a continuidade na luta pela sobrevivência e a liberdade seguiu orientada por uma fé que dava conta de restabelecer libertação e rechaço das formas de exploração e opressão. Em se tratando do povo negro, vale observar que nenhuma, ou quase nenhuma, forma de resistência e luta por libertação foi empreendida sem que religião e espiritualidade estivessem por trás. Pensar na influência do vodu na Revolução Haitiana; do cristianismo da mensagem bíblica nas lutas de Harriet Tubman nos Estados Unidos e de Samuel Sharp na Jamaica; do islã na Revolta dos Malês dos negros muçulmanos da Bahia; e do sincretismo de Kimpa Vita no reino do Congo.

É diante disso que cabe falar de uma cosmovisão dialogal e inclusiva. A teologia negra reconhece seu lugar e sua identidade, mas não a partir de uma negação de outras compreensões sobre Deus e sua ação, sob o risco de o ter como "propriedade particular" e ver a si mesma como única forma de acesso. Podemos iniciar essa discussão a partir da leitura do capítulo 12 do Êxodo:

> Os israelitas partiram de Ramsés em direção a Sucot, cerca de 600 mil homens a pé — somente os homens, sem contar suas famílias. Subiu também com eles uma multidão misturada com

ovelhas, gado e muitíssimos animais. Cozeram pães ázimos com farinha que haviam levado do Egito, pois a massa não estava levedada: expulsos do Egito, não puderam deter-se nem preparar provisões para o caminho (Êxodo 12,37-9).

Esse texto nos fala de uma "fuga solidária". A libertação de Deus vem de maneira ampla e inclusiva. Quando menciona subir com os israelitas "uma multidão misturada", está se referindo a um povo diverso e plural (por isso separa "israelitas" e "multidão") do qual não se pode definir com certeza origem, cultura e, inclusive, religiosidade. Considerando que o Egito é um império e que um império não conquista nem domina um povo unicamente, tendo a pretensão da conquista e da dominação total de todos os povos e territórios mais fracos, é possível deduzir sem dificuldade que uma quantidade diversa de identidades populares se beneficiam do processo de libertação hebreu.

Esse episódio do Êxodo se conecta com o tema da diáspora. Ele se aplica à dispersão do povo negro do continente africano, espalhado pelo mundo por força do colonialismo e do capitalismo escravocrata. Espalhado sobretudo pela extensão do "Novo Mundo", para a maioria do povo negro o que foi possível levar, além do próprio corpo, foi a fé e a espiritualidade, a memória da religiosidade e esperança em sua(s) divindade(s).

Isso não significa que os limites e as especificidades de se relacionar com o sagrado, com a religiosidade e, inclusive, com as especificidades da tradição religiosa institucional não sejam considerados ou preservados. Embora pareça dispensável dizer, vale ressaltar que as diferenças entre o cristianismo e o candomblé ou a santería são evidentes, reconhecidas e mantidas. Falar de uma cosmovisão dialogal e inclusiva diz respeito a uma compreensão recíproca dessas religiosidades para o povo negro e seu lugar fundamental no seu processo de resistência, resiliência e sobrevivência ao longo dos séculos. É, mais uma vez, a fé comum em uma divindade que acolhe e liberta, forma e orienta comunidades, situa no mundo e dá sentido, que permite à fé negra caminhar e encontrar lutas em comum.

Chaves hermenêuticas da teologia negra

A teologia negra também se articula a partir de chaves hermenêuticas importantes, que a vinculam à história do povo negro no contexto da história da humanidade e que a aproxima e lhe permite dialogar com outras teologias.

Êxodo e a experiência do deserto

> E os israelitas, gemendo sob o peso da escravidão, gritaram; e do fundo da escravidão o seu clamor subiu até Deus. E Deus ouviu os seus gemidos (Êxodo 2,23-4).

É conhecido o lugar do Êxodo para a própria teologia da libertação. Interpretar a partir do Êxodo como chave de leitura é acessar as histórias do Israel bíblico a partir do compromisso e da ação do Deus libertador. Mas se para a teologia da libertação o Êxodo vem denunciar a exploração, a opressão e a desigualdade, a teologia negra nele identifica diretamente o posicionamento radical de Deus contra o colonialismo e a escravidão. Para a teologia da libertação, a passagem do Êxodo 3,7-9 tem um lugar especial. Para a teologia negra, essa identificação não poderia ser diferente, mas ela se radicaliza, quase que trazendo no corpo as marcas dos açoites e das torturas nas colônias escravocratas de negros e negras ancestrais. Assim, o clamor do povo oprimido, como descrito no livro do Êxodo, ganha contornos de um *spiritual* sussurrado nas fazendas do sul estadunidense; das cantigas de pretos e pretas bantos, jejes, hauçás e iorubas nas senzalas brasileiras; dos clamores que evocam libertação aos apartados na África do Sul, ou aos vendidos no Benin.

James Cone diz que o Antigo Testamento é um livro de história, e que essa história começou com o Êxodo.[28] Então o Êxodo, não exatamente o livro, mas a experiência do êxodo, a experiência do movimento de libertação que abre caminho para uma jornada, é uma importante chave de leitura para entender primeiro, antes de tudo, como Deus se apresenta. Em seu primeiro ato relacional com um povo, Deus se inclina a proporcionar libertação. Se essa é a maneira como Deus chega ao povo, esse *ato primeiro* deve ser o prisma de toda a leitura. Como afirmou a teóloga nigeriana Teresa Okure em um de seus textos mais conhecidos, "primeiro foi a vida, e não o Livro",[29] isto é, antes de qualquer leitura que se possa fazer ou relativizar, foi a vida que recebeu a intervenção de Deus, e não o texto. E Deus interveio com a vida oferecendo libertação de um império conquistador e escravocrata.

No entanto, o êxodo é momento de saída, é movimento que dialoga com a diáspora africana. Mas o caminho se faz no deserto. Retomamos aqui a afirmação de uma teologia que nasce no deserto. O deserto é chave importante porque é onde a história se dá. A história não se encerra na libertação nem na conquista de um mundo que se abre para migrar, mover-se, partir rumo à liberdade. A história se dá na jornada que se constrói, e se constrói coletivamente. O deserto é lugar de ausência, privação e também refundação. As narrativas bíblicas que contam as experiências no deserto são as narrativas que formam a constituição de um povo e sua luta por liberdade e sobrevivência, mas também suas contradições.

Nesse sentido, o deserto ganhou lugar de relevância ímpar para as teólogas negras. A experiência vivida por Agar — escravizada egípcia expulsa de casa com seu filho pequeno Ismael —, que encontra no deserto simultaneamente a proximidade da morte após a violência e a humilhação e também o favor e a misericórdia de Deus, abre outra dimensão sobre o deserto: não é apenas cenário, mas chave hermenêutica para um poder de compreensão profundo.

Delores Williams, um dos principais nomes da teologia mulherista nos Estados Unidos, trouxe em seu célebre livro *Sisters in the Wilderness* [Irmãs no deserto] um importante debate sobre a "experiência do deserto" como mais apropriada para caracterizar a experiência de afro-americanas e afro-americanos nos Estados Unidos do que pura e simplesmente a "experiência negra". Assim Williams define o lugar da experiência do deserto como chave hermenêutica:

1. A experiência do deserto é masculina/feminina/familiar, inclusiva em sua imagística, seu simbólico e seu conteúdo atual;
2. A experiência do deserto é sugestiva do papel essencial da iniciativa humana (junto com a intervenção divina) na atividade

de sobrevivência, de construção da comunidade, da estruturação de uma qualidade de vida positiva para a família e a comunidade; é também sugestiva da iniciativa humana no trabalho de libertação;

3. A experiência do deserto é uma experiência religiosa afro-americana que é simultaneamente uma experiência secular afro-americana;

4. A experiência do deserto indica ingenuidade e inteligência feminino-masculina em meio à luta, criando uma cultura de resistência.[30]

O evento de Pentecostes

O que acontece no capítulo 2 de Atos tem significado poderoso para a teologia negra. O evento de Pentecostes é a intervenção anárquica, rebelde e plural do espírito que age como um vendaval impetuoso preenchendo todo o local onde homens e mulheres encontravam-se reunidos.

Na Bíblia, é assim descrito:

> Tendo completado o dia de Pentecostes, estavam todos reunidos no mesmo lugar. De repente, veio do céu um ruído, como um agitar-se de um vendaval impetuoso, que encheu toda a casa onde se encontravam. Apareceram-lhes, então, línguas como de fogo, que se repartiam e que pousaram sobre cada um deles. E todos ficaram repletos do Espírito Santo e começaram a falar em outras línguas, conforme o Espírito lhes concedia se exprimirem.

Isso acontece cinquenta dias depois da Páscoa, ou da Última Ceia. Daí vem o nome Pentecostes, palavra grega que significa "quinquagésimo". Desse evento bíblico fundante vem a ideia da glossolalia, do "falar em outras línguas", que seria uma espécie de idioma celestial não compreensível aos ouvidos humanos, mas apenas àqueles que possuíssem o dom da interpretação ou tivessem um profundo grau de intimidade com Deus. Portanto, essa manifestação era expressamente anárquica (ao menos aos olhos mundanos), envolta em mistério, e não exigia qualquer qualificação, estudo, formação, cargo ou hierarquia. O dom era dado a quem Deus escolhesse ou a quem fosse batizado no Espírito Santo. Nesse campo semântico está o cerne do pentecostalismo: a marca do cristão evangélico pentecostal era esse batismo no Espírito Santo, o dom de falar em outras línguas e, eventualmente (porque não acontecia para todos), o dom da interpretação, o dom da cura e o dom da profecia.

A tradição da teologia negra é pentecostal por excelência, e não apenas na icônica experiência de William Seymour, que em 1905 fez uma verdadeira revolução em sua igreja na rua Azusa, em Los Angeles, marcando o nascimento de um movimento religioso popular que não era fruto das elaborações dos grandes teólogos e evangelistas, mas originário de uma reunião aberta ao que poderia acontecer, "sem hierarquias", inspirado e dirigido por Deus.* Ela é pentecostal por conta da sua relação com a ação do espírito, uma pneumatologia

---

* Na rua Azusa, todos os fenômenos atribuídos aos dons do Espírito Santo, como a profecia, a glossolalia e o dom de cura, aconteceram ao mesmo tempo, na presença de diversas pessoas, entre homens e mulheres, negros e brancos, letrados e analfabetos.

rebelde, não dada ao controle e que o povo negro acredita que o manteve de pé, e vivo, a despeito de todas as investidas empreendidas pela escravidão, pelo colonialismo e pelo racismo desde o advento da modernidade.

É, portanto, a presença do espírito. Deus, que se apresenta como o libertador no Antigo Testamento, surge com seu espírito de liberdade e igualdade no evento de Pentecostes, e, sem qualquer obediência a uma hierarquia senhorial, *reparte as línguas como de fogo, distribuindo-as para pairarem sobre a cabeça de cada um e de cada uma* (em parte atualizando Atos 2,3). Isso é um espírito de liberdade. Ele acompanha a trajetória do povo negro, ele ensinou o povo negro africano a criar alternativas que ressignificaram suas práticas religiosas, sua espiritualidade, para permanecer vivo e não perder sua identidade e ancestralidade. O espírito presente em Pentecostes ensinou ao povo negro subjugado novas linguagens, que com elas criou as mais diversas formas de vida coletiva e sobrevivência.

Assim como a experiência do deserto tem maior apelo junto às mulheres e teólogas negras, o evento de Pentecostes encontra forte acolhimento junto à teologia negra caribenha, que passarei a tratar daqui em diante como teologia negra diaspórica — o que é ao mesmo tempo um genitivo e uma explicação. O evento narrado em Atos se comunica especialmente com a teologia do Caribe e das Antilhas pelo contexto como se liga à memória da diáspora. A diáspora africana, esse movimento migratório forçado e violento imposto pelo colonialismo, encontra situação peculiar no Caribe, com suas ilhas que são países, com seus territórios que estão próximos e fragmentados pelos diferentes colonizadores e pela presença de povos escravizados tão diversos, que foram capturados, comprados e trazidos das mais variadas etnias, clãs, tribos e nações. Essa pluralidade teria tudo para tornar a resistência negra inviável ali.

No entanto, é exatamente no Caribe que a primeira grande revolução acontece, anunciando o primeiro país independente das Américas. A Revolução Haitiana se tornou símbolo e horror para os senhores e colonizadores, bem como para as metrópoles imperiais. Como o vento impetuoso presente em Pentecostes, a diáspora não foi apenas uma mudança de lugar, mas a construção de novas identidades e a ressignificação de outras. Com essa chave de leitura, foi possível à teologia negra diaspórica compreender e resgatar seu carisma emancipatório, libertador e de protesto profético. O vento impetuoso que encheu o Caribe e faz surgir as línguas de fogo estão nos escritos de Aimé Césaire, Marcus Garvey, Frantz Fanon, Edouard Glissant, W. E. B. Du Bois e Walter Rodney, entre outros.

Para Delroy Reid-Salmon, o evento de Pentecostes se relaciona à fé, à dispersão, à luta, à diversidade das igrejas entre a diáspora caribenha.[31] Mais do que isso, Reid-Salmon considera a igreja negra caribenha da diáspora como a manifestação contemporânea do evento do Pentecostes justamente pelo que o Caribe contempla na sua formação diversa e no trânsito que vive em sua história. Ver sob a chave hermenêutica do evento de Pentecostes é ver o espírito unindo os oprimidos dispersos pelo mundo, afetados pela diáspora que continua a produzir povos forçosamente alienados de sua pertença.

Também vale destacar que o espírito não permitiu que a diáspora africana obstruísse a memória e a ancestralidade.

Línguas também são linguagens, são símbolos. Foi possível inclusive sonhar com intensos movimentos de retorno e de conexões que reorganizaram levantes e resistência num fluxo Caribe-África e África-Caribe. Se nos orientarmos pela referencial obra de Yosef Ben-Jochannan, pensando nos judeus negros,[32] damos ainda mais força ao trecho da passagem que diz: "Achavam-se em Jerusalém judeus piedosos, vindos de todas as nações que há debaixo dos céus" (Atos 2,5). Em outras palavras, o espírito teria a força necessária para subverter a diáspora em um poderoso movimento negro e internacional contra a escravidão e o colonialismo, proporcionando igualdade e liberdade e a implantação do reino de Deus e sua justiça.

Crucificação e ressurreição

Para a teologia negra, a crucificação conectou a experiência do filho de Deus, encarnado, com a história do povo negro. Escravidão, colonização, diáspora, genocídio. Os corpos negros foram crucificados ao longo da história de diversas formas. A teologia negra não deixa esquecer que a cruz, transformada em um dos símbolos do cristianismo, não aponta para o Cristo, mas para as armas da morte, para as muitas formas de matar, para o sofrimento infligido por uns a outros. Giorgio Agamben se perguntou: "O que resta de Auschwitz?". O povo negro ao redor do mundo olha para a cruz e se pergunta: "O que resta da crucificação?". Agamben investiga pelos relatos, escreve a partir do testemunho dos sobreviventes. O povo negro conta os corpos. A escravidão, os açoites, as árvores de linchamento, o tronco, a marginalização, as condições precárias, a falta de alternativas nas periferias criminalizadas, a pobreza extrema, as fronteiras fechadas para a imigração, o racismo.

Kelly Brown Douglas, teóloga negra estadunidense, afirma, concordando com James Cone, que "a cruz está no centro da fé negra",[33] e isso não se dá por uma devoção abstrata que olha para a cruz como um símbolo puro e simples do cristianismo. Isso se dá porque a cruz está no centro da memória da resistência do povo negro, que luta, sobrevive e resiste pela fé e lembra de seu Deus encarnado crucificado, o que significa que Ele entendeu a mesma dor e se fez as mesmas perguntas que o povo negro fazia quando deparava com a morte, com o juízo da morte, sem que não tivesse feito nada que servisse como explicação razoável para tal. Apenas era negro.

Esse sentido da cruz foi dolorosamente explorado por James Cone em seu livro *The Cross and the Lynching Tree* [A cruz e a árvore do linchamento], no qual refaz essa conexão que liga a dor, a injustiça e a violência sofrida por Jesus de Nazaré pendurado num madeiro e os corpos negros linchados até a morte e pendurados nas árvores das cidades do sul estadunidense. Em suas memórias, Cone narra como percebia a ansiedade de sua mãe, junto com seus irmãos, enquanto o pai não chegava em casa. Embora ainda fosse uma criança, sabia a razão desse sentimento. Ele já havia ouvido com bastante frequência sobre pessoas brancas que assassinavam pessoas negras. Simplesmente assassinavam.[34]

Para Douglas, a cruz e o linchamento, mais do que violências institucionais e socialmente consentidas, eram uma linguagem, e, como tal, traziam suas respectivas mensagens, que se assemelhavam. A mensagem da cruz usou a morte violenta de Jesus para dizer: "Perturbe a ordem romana em qualquer situação, e isso também acontecerá com você". Da mesma forma, a mensagem do linchamento era clara: "Ou você segue os usos e costumes sociais brancos anglo-saxões ou isso também pode acontecer com você".[35]

Sendo assim, a crucificação como chave hermenêutica para a teologia negra condiciona uma percepção de que há uma estrutura permanente não apenas de desigualdade, mas de violência, e de uma violência que se insere no corpo, que está disposta a eliminar o diferente e o desobediente, os que não se submetem ou buscam reivindicar uma liberdade que está posta por quem detém o poder sobre a vida e a morte dos destituídos de poder. A cruz não é apenas símbolo de uma religiosidade, mas de uma identificação entre o que por ali passou, e os que por ela passaram, de diversas formas, ao longo da história.

Contudo, a teologia negra tem na ressurreição, que é vida, a antípoda da crucificação, que é morte. Na ressurreição a teologia negra compreendeu que Jesus debocha da morte. Por isso a ressurreição não é da alma, as feridas não desaparecem. As feridas reafirmam o lugar da primazia do corpo. O corpo é lugar de revelação, definitivamente. A ressurreição é a mensagem de que a morte não tem a última palavra; a última palavra não é do senhor que açoita, do Estado que criminaliza e encarcera, da fronteira que se fecha, do racismo que bloqueia caminhos. A última palavra é do Deus da vida. Em todas as formas articuladas de o racismo antinegro funcionar, o povo negro ressurgiu, ressuscitou, trouxe consigo os seus ancestrais e se mantém de pé.

Não faria sentido haver na crucificação uma chave hermenêutica se a ressurreição não viesse em seguida para estabelecer a vida e a superação da morte como prisma e horizonte de interpretação dos textos e da própria vida. Como a teologia negra interpreta o colonialismo, a escravidão e o racismo antinegro? Como cruzes que crucificaram e seguem crucificando corpos negros há séculos. E como a teologia negra interpreta o próprio povo negro e sua vida, física, espiritual, psicológica, cultural e religiosa? Com o olhar da ressurreição. Se há ressurreição, a morte não é imbatível. Se a morte não é imbatível, nenhum recolhimento diante das investidas da morte interessa.

Essa chave dialética entre morte e ressurreição se insere numa realidade histórica. A morte é histórica, mas a ressurreição também é histórica, então o mal a ser superado por Deus também é histórico. A ressurreição é a esperança revestida de poder e força. Nela há uma mensagem de esperança, que inspirou o povo negro a assimilar que é possível lutar e vencer.

3. Mapear a teologia negra:
Estes que têm alvoroçado o mundo

EIS UM BOM E GRANDE DESAFIO: mapear a teologia negra a partir da produção, influência e incidência de teólogos e teólogas negras ao redor do mundo e organizá-la, dentro do possível, em algumas categorias, sempre frágeis, mas que podem ajudar a identificar características comuns entre elas. Ao propor um mapeamento, não pretendo encerrar nenhum autor ou produção teológica de maneira determinada e definitiva em alguma categoria, mas apenas apresentar ao leitor o universo maior de atuação de cada um, o que facilita em um primeiro contato e abre possibilidades para pensar o percurso plural da teologia negra.

Assim, podemos pensar a diversidade da teologia negra em cinco categorias: sistemática, política, mulherista (*womanist*), diaspórica e a hermenêutica bíblica negra feminista. Aqui vale ressaltar que o meu critério de classificação se dá muito mais pela obra do que propriamente pelo autor ou autora. Assim, alguns nomes aparecerão em mais de um grupo.

Teologia negra sistemática

Ao pensar numa teologia negra sistemática, olhamos para a produção e ação de teólogos e teólogas que dedicaram anos não apenas levando a teologia negra para o embate direto com o racismo filho da modernidade, mas contribuindo de maneira decisiva para o deslocamento hermenêutico e epistemológico das bases que se tornaram nossas lentes de leitura e compreensão das Escrituras. Dessa forma, considero aqui nomes que sistematizaram o pensar teológico negro se valendo da perspectiva e exegese negras, isto é, que desvelam a presença e o protagonismo negro que a epistemologia hegemônica, branca e racista encobriu. Estão também inevitavelmente desconstruindo leituras e visões que se tornaram arcaicas, foram devidamente superadas, e cujos postulados já não fazem qualquer sentido em um mundo que tomou consciência de sua pluralidade, diversidade e direitos.

Nesta categoria, é fundamental lembrar de nomes como James Cone, Gayraud Wilmore, Kelly Brown Douglas, Albert Cleage, Jonh Mbiti, Justin Ukpong, Peter Nash e Maricel Mena López, entre outros e outras. Reitero que o caráter desta "classificação" é apenas pedagógico e orientador em um primeiro contato, contemplando pensadores mais representativos desta produção.

Em 1970, ao lançar seu segundo livro, *Teologia negra da libertação*, James Cone firmou o que é considerado por muitos os primeiros pilares de uma organização sistemática para a teologia negra. Seu primeiro livro, *Black Theology and Black Power*, se aprofunda nos embates e na radicalização da luta antirracista nos Estados Unidos pelo movimento dos Direitos Civis, no rastro do impacto e da memória ainda recente do assassinato do pastor Martin Luther King. Trataremos mais desse contexto ao falarmos da teologia negra política. Já em *Teologia negra da libertação* Cone é taxativo em sua proposta desde o início: o título de seu primeiro capítulo é "O conteúdo da teologia", e esse conteúdo, para Cone, é a libertação.

Teologia cristã é uma teologia de libertação. Ela é um *estudo racional do ser de Deus no mundo sob a luz da situação existencial de uma comunidade oprimida, relacionando as forças de libertação com a essência do evangelho, que é Jesus Cristo*. Isso significa que sua única razão de existir é colocar em discurso organizado o significado da atividade de Deus no mundo, de modo que a comunidade dos oprimidos reconhecerá que sua inclinação interior para a libertação não é apenas *coerente com* o evangelho, mas *é* o próprio evangelho de Jesus Cristo.[1]

A perspectiva da libertação vai marcar toda a construção sistemática de Cone em direção a uma teologia que só traduz a mensagem de Deus nas Escrituras e a mensagem do evangelho se pensado a partir desse lugar. Por essa razão, ele a estabelece desde o início.

Para Cone, "a definição de teologia como a disciplina que busca analisar a natureza da fé cristã sob a luz do oprimido surge principalmente da tradição bíblica em si",[2] não permitindo outro caminho. Ao menos não biblicamente. Uma teologia honesta com a narrativa bíblica, segundo Cone, vai reconhecer que êxodo e ressurreição possuem lugares centrais na narrativa bíblica porque ambos os eventos dialogam com um contexto de libertação. O êxodo liberta da escravidão. A ressurreição liberta da morte "produzida" por um sistema que, no mundo, une poderes sociais, políticos e religiosos.

Por isso a teologia negra é também uma "teologia da sobrevivência". Aqui, Cone trata de três condições que, a seu ver, podem ser delineadas como as condições às quais o povo negro é submetido, de maneira que uma teologia do povo negro traz consigo o lugar da sobrevivência. A primeira é a *tensão entre a vida e a morte*. Cone lembra que a comunidade negra sempre teve de lidar diariamente com a sobrevivência física e o ambiente hostil. Há aqui uma aproximação entre a descrição de Cone e a descrição de Fanon sobre o que definiria "viver" para um colonizado. Segundo Fanon, para um colonizado no contexto de opressão, como ele testemunhou na Argélia, "viver é não morrer, existir é manter a vida".[3] Cone pensa da mesma forma.

O segundo ponto é a *crise de identidade* — a questão de se manter consciente do lugar em que se está e o quanto se é ou não pertencente àquele lugar. Na perspectiva de uma teologia da sobrevivência, deve-se ter cuidado não apenas com a morte física, mas com a morte de quem se é, da consciência sobre de onde se veio e de quem se pode deixar de ser para ser engolido pela identidade de quem oprime.

Por último, vem *o mundo social branco e poder político*. "Em um mundo em que o direito é definido pelo opressor nos termos da branquitude, humanidade significa uma inadequação com a branquitude."[4] Simples de compreender, uma vez que a branquitude não define apenas o que é certo mas também o que é a teologia e o que as Escrituras "querem dizer". Com essa obra, portanto, Cone abre caminho para uma sistematização que situa a teologia negra no mundo.

Mas ele não está sozinho nessa construção. Sua compatriota e ex-aluna Kelly Brown Douglas se dedicou a encarar não apenas o desafio de desmantelar uma teologia branca eurocêntrica que se arrogou como intérprete única da revelação — ao que se refere, pensando nos Estados Unidos, como "excepcionalismo anglo-saxão". Em *Stand Your Ground: Black Bodies and the Justice of God*, ela chama atenção para o processo de construção e afirmação (e reafirmação) de uma teologia racista, ao apresentar o *excepcionalismo anglo-saxão* como uma "teo-ideologia que serve para exonerar pessoas brancas de sua brutal, e, algumas vezes, fatal, violação aos corpos negros".[5] Construir uma teologia sistemática também passa por desconstruir a sistematização de uma teologia estabelecida com o interesse de garantir domínios, inferiorizando corpos e povos e legitimando a conquista violenta e a colonização. É importante levar em conta que a igreja e a teologia nos Estados Unidos tiveram uma forte influência do coronel e reverendo Buckner Payne, que usava o pseudônimo de Ariel. Com Payne, o chamado "racismo divino" é desenvolvido e amadurecido no século xix. Com Payne, a radicalização da desumanização do povo negro chega a tal grau de intensidade que ele sequer tolera o debate sobre "a maldição de Cam".*

Para ele, negros nem sequer foram amaldiçoados porque, mesmo que fossem, seria como reconhecê-los, de alguma forma, também humanos, descendentes de Adão e Eva. No entanto, na concepção teológica de Payne nem isso era possí-

---

* Narrada no livro do Gênesis, a maldição de Cam foi, por séculos, a justificativa para a condição de "inferiores" e escravizados dos povos africanos e da pobreza material de muitos países do continente. Foi lançada por Noé à descendência de um de seus filhos, Cam, por ter zombado de sua nudez e embriaguez. "Maldito seja Canaã; seja servo dos servos de seus irmãos", diz Noé. Canaã é o filho de Cam, e acredita-se que, na divisão de povoamento da terra, são os descendentes de Cam que ocupam o continente africano.

vel, uma vez que o povo negro não provém de Deus, mas do meio das bestas-feras, do mundo da escuridão. E isso tão só porque Deus, convictamente para Payne, é branco.[6] Essa é a resposta à pergunta feita em seu livro *Os negros: Qual é o seu status etnológico?*. É por isso que, para K. B. Douglas, o excepcionalismo anglo-saxão não apenas forneceu, mas encontrou no regime escravocrata, o seu solo fértil, seu ambiente contextual mais propício.[7]

Para Douglas, o excepcionalismo anglo-saxão é uma leitura que ao mesmo tempo distorce e complexifica a compreensão da teoria da lei eterna e da lei natural, de São Tomás de Aquino. Assim como a leitura política da lei natural pela via do pensamento político de Hobbes e Locke exerce forte influência sobre o pensamento político e social da América, uma apropriação peculiar e racista desde seu início tem lugar na hermenêutica sistemática de aspectos da doutrina da lei natural de Tomás de Aquino na construção do pensamento protestante branco nos Estados Unidos.[8]

Em seu livro *The Black Christ*, K. B. Douglas também refuta a perspectiva do Cristo Branco, mesmo que não admitido como tal. O Cristo Branco é a compreensão de Jesus impregnada pela branquitude e os vícios e privilégios oriundos dessa perspectiva, como optar por acolher uma compreensão da intervenção de Deus na história humana que se encerra na própria encarnação. Com isso, Douglas refuta que, ao entender a encarnação como ápice e fim em si mesma na relação de Deus com a humanidade, a experiência do corpo e do contexto de Jesus se torna irrelevante, ou, quando muito, tendo um papel cujo roteiro já estava previamente escrito apenas como coadjuvante de sua vida ministerial na terra. Nada do que ele viveu é determinante, porque "tudo" de Deus estava, e ficou, no ato da encarnação.

> O Cristo Branco se fundamenta em uma compreensão de cristianismo que sugere que Jesus de Nazaré era Cristo, ou o Messias, porque Deus se fez carne por meio dele. A encarnação é considerada a característica decisiva do cristianismo em si mesmo. Que Deus se tornou humano é o fato essencial no qual significa Jesus ser o Cristo. É o ato de Deus que importa para Jesus ser quem é. O que Jesus fez na terra tem pouca, se não nada, a ver com o que significa quem ele é. Seu ministério aos pobres e aos oprimidos é irrelevante para essa interpretação. [...] Com a salvação garantida pela fé, pessoas brancas poderiam ser cristãs e escravocratas sem culpa ou medo.[9]

Também é importante como o continente africano entra como protagonista na construção de uma teologia sistemática. Vimos um pouco sobre isso antes, ao nos referirmos à África como uma das características da teologia negra. De igual modo, o continente está presente na construção de uma teologia sistemática como determinante contextual de leituras, hermenêutica e uma exegese que considera território, história, cultura e identidade como constitutivos de uma sistematização eficiente e não apenas abstrata e metafísica. Assim, o comentário elaborado por Maricel Mena López abre caminho para outra teologia sistemática na perspectiva afro--latina e caribenha:

> É importante destacar novas leituras; por exemplo, que as tribos de Israel igualmente tomaram as tribos africanas como mo-

delo através da comparação do mundo cultural mediterrâneo. É necessário perguntar, finalmente: por que sempre tomamos Síria, Babilônia, Mesopotâmia etc. e a África não aparece para elaborar nossa "história de Israel"?[10]

Maricel é ainda mais taxativa ao dizer que "toda a ciência dos grandes teólogos é ciência fracassada, por que tem sido fruto de autorrepresentações de sua época interpretativa".[11] Dessa forma, desconstruir o apagamento do continente africano é corrigir os rumos de uma teologia que se pretende enraizada e coerente. Livros como o do inglês Martin Bernal, *Atena negra*, que trata das raízes afroasiáticas da civilização clássica, foram de suma importância para inspirar outras apropriações que atravessavam o pensamento ocidental e marcavam as exegeses bíblicas tomadas unicamente a partir do prisma europeu.[12] Embora sendo ele mesmo inglês, Bernal ajudou a abrir caminho para a compreensão de que muito do que se tem como "antigo", ou que guardava na Grécia antiga o "seu berço", já estava presente e desenvolvido (tecnologia, filosofia, cosmovisão, política etc.) em civilizações africanas e afroasiáticas.[13]

Se para João Batista Libânio a teologia fundamental — como é chamada a teologia sistemática no campo teológico católico — praticamente esquecera a dimensão do espírito e *desconheceu o pobre como elemento básico* (dimensão que a teologia da libertação se pôs a abraçar e se engajar),[14] uma teologia sistemática negra não vai permitir nem o apagamento do espírito, incluindo a dimensão pentecostal no seu horizonte ao afirmar a presença do sopro do espírito como agente na história do povo negro observada nas narrativas bíblicas, nem que qualquer investigação teológica prescinda do sujeito que sofre na história.

É preciso então compreender que uma teologia sistemática negra não se entrega sem reservas a um processo europeizado de racionalização, como se espiritualidades e rituais fossem apenas estéticas a serem analisadas. A dimensão religiosa dos povos da África tem protagonismo nessa construção. E um teólogo negro, ou uma teóloga negra, também é afetado por esta percepção e forma de raciocinar. Como afirma o queniano John Mbiti, "os africanos são notoriamente religiosos; a religião penetra tão fundo todos os compartimentos da vida que nem sempre é fácil ou possível isolá-la".[15]

Mbiti, aliás, foi fundamental para a desconstrução, no campo intelectual e acadêmico, da visão pejorativa das religiões tradicionais africanas e do estigma que recai sobre elas, tidas como "demoníacas" sob a perspectiva cristã. Para isso muito contribuiu o seu livro *Religiões e filosofia africanas*. Formular uma teologia sistemática na qual o continente africano, bem como o povo africano, não lhe seja estranho é extremamente importante. O que propõe uma teologia sistemática que se vale de uma teologia do povo negro?

Em especial no Brasil, a presença e o trabalho do já citado professor Peter Nash tem suma importância na construção e difusão de uma teologia sistemática negra. Nash, luterano afro-americano, também descendente de escravizados, chegou à Escola Superior de Teologia (EST) em São Leopoldo, no Rio Grande do Sul, na década de 1990. Como professor de Bíblia na EST, Nash foi fundamental para ajudar alunas e alunos negros a reconhecerem a sua negritude e, em seguida, orientar a elaboração de uma hermenêutica e uma exegese enegrecida. Com a perspectiva de uma teologia negra, suas aulas formaram as bases da elaboração de uma sistemática que partia das vozes negras nas Escrituras e na teologia.

A teologia bíblica de Nash aponta para uma sistemática acessível e que tira a discussão da teologia do terreno hermético da teologia acadêmica e a conduz de maneira mais popular para comunidades e grupos de base. Ao assumir, na EST, o projeto Negritude na Bíblia e na Igreja, Nash acaba por liderar um movimento de leitura negra da Bíblia. O projeto é o ambiente de formação do Grupo Identidade, que há mais de 25 anos se dedica às questões da realidade afro-brasileira, conservando-se um espaço de reflexão interdisciplinar e ecumênica. Ao pôr na berlinda a formulação de uma "teologia clássica", Nash afirma:

> De alguma maneira, os grandes pais da teologia desde o primeiro século até a metade do século XX são apresentados como tendo praticado a sua arte sem nenhum contexto social, e então, subitamente, asiáticos, mulheres, negros, gays, e latino-americanos começaram a infectar a pureza teológica com os seus corpos e suas perguntas e afirmações em torno do corpo.[16]

Nash deixou a EST no início da década de 2000, sendo substituído pela colombiana Maricel Mena López, que contribui de forma decisiva para a consolidação do Grupo Identidade e também para fazer nascer a revista *Identidade*, que se tornaria referência para publicações regulares no Brasil sobre teologia negra, com ênfase nas intersecções teológicas entre as diversas expressões de religiosidades afro-latina e caribenha.

Teologia negra política

Falar sobre uma teologia negra política é pensar em como uma teologia do povo negro inspirou luta, resistência, denúncia e a proposta de outro mundo. Aqui se vê o mais puro estado do profetismo operando na teologia negra. Como já mencionamos, o surgimento da teologia negra, onde quer que tenha sido elaborada, está profundamente marcado por contextos que forjaram uma práxis comprometida com justiça e libertação. Assim foi desde o início. Assim foi no lastro que leva ao arcabouço da teologia negra, mesmo bem antes de ela ser elaborada como tal.

Nessa categoria, incluo uma perspectiva de hermenêutica e elaboração teológica utilizada por homens e mulheres negros que respondem diretamente às estruturas com as quais lidaram. Onde a comunidade negra estava à mercê de uma opressão estrutural e estruturante que ia, inclusive, para além de uma desigualdade econômica, em um nível de subalternização e desumanização que lhes tirou todas as alternativas que não fossem lutar. Nesta categoria, incluo nomes como J. Deotis Roberts, Allan Boesak, Traci West, Desmond Tutu, Laurenti Magesa, Nancy Cardoso, D. H. Kortright Davis, Noel Leo Erskine e Cornel West, entre outros, além de novamente me referir a James Cone.

O espírito sopra revolução

> As revoltas dos escravos negros no mundo moderno possuíam caráter especial e significação histórica, pois ocorreram no con-

texto de um modo de produção capitalista que se dava em escala mundial. Consequentemente, contribuíram para o movimento por liberdade, igualdade e democracia, radical apesar de ainda burguês, ao mesmo tempo que prefiguravam o movimento contra o capitalismo.[17]

Em sua obra *Da rebelião à revolução*, o historiador estadunidense Eugene Genovese faz um mapeamento das principais revoltas e rebeliões de negros e negras escravizados nas Américas e comprova que o espírito contestador, que em meio a todas as forças adversas e opressoras busca a liberdade, sempre acompanhou o povo negro. Portanto, falar de uma teologia negra política é não apenas contextualizar seu surgimento nos conturbados e agitados anos 1960 e 1970, mas fazer referência também a um lastro de enfrentamento e práxis libertadora que traz consigo espiritualidade e religiosidade como forças potentes de luta.

No que se refere a uma hermenêutica negra cristã libertadora, são inúmeras as revoltas na África e nas Américas realizadas e inspiradas a partir da compreensão de mulheres negras, como Kimpa Vita, no antigo Reino do Congo, ou Harriet Tubman, nos Estados Unidos, bem como de homens negros, como o pastor Samuel Sharpe, na Jamaica, ou o Lutero Negro, no nordeste do Brasil, de que a mensagem da Bíblia e, em especial, a mensagem de Jesus, homem pobre e periférico de Nazaré, é de liberdade — uma liberdade que é também política, e que pode ser conquistada com a luta. Esse pano de fundo, em muitos desses países que se tornaram destino do povo negro em diáspora, formou a consciência de uma teologia política que contribuiu de forma decisiva para o surgimento de levantes e movimentos por liberdade, igualdade, justiça e democracia radical.

J. Deotis Roberts escreveu que uma teologia privada, uma espécie de versão quietista, era inadequada para o oprimido. "O que nós precisamos é de uma teologia política",[18] sentencia ele. Uma Teologia Negra Política é aquela que incide diretamente nos debates e embates que permeiam e marcam as disputas de uma sociedade e, sobretudo, em como essas disputas são racializadas, ou ainda, em como o racismo marca e determina efetivamente essa sociedade. Está em questão aqui como teólogos e teólogas se envolveram nesses debates e embates.

Soweto e o movimento da Consciência Negra

A força da teologia negra política na África do Sul vem, em grande parte, do seu *sitz im leben*, que é o surgimento e desenvolvimento do movimento conhecido como Consciência Negra. Esse movimento está situado entre os anos de 1968 e 1977 e é marcado pelos sucessivos protestos e enfrentamentos que ocorrem no país em meio à luta do povo negro contra o apartheid e a opressão de um governo de minoria branca sobre a maioria negra, pertencente a etnias diversas. Esse contexto é decisivo e parte poderosa da verdadeira virada teológica que acontece no país a partir do engajamento de teólogos e teólogas, de clérigos diversos e de grupos que denunciaram não apenas a política do apartheid como a sua sustentação teológica.

O marco referencial do movimento é o massacre que acontece em Soweto, em 1976, quando a polícia sul-africana reprime de forma violenta e brutal os manifestantes. Um jovem de treze anos, Hector Pieterson, tornou-se símbolo do episódio ao ser fotografado, assassinado e ensanguentado, sendo carregado nos braços de outro manifestante, com sua irmã ao lado. Uma série de protestos vinha ocorrendo ao longo dos anos e se intensificou quando o governo decretou a obrigatoriedade do ensino do africâner, dialeto fruto da presença colonial holandesa, em todas as escolas, tornando-se uma exigência para avançar nos estudos acadêmicos. O decreto mobilizou um poderoso sentimento antiapartheid, levando cada vez mais estudantes às ruas, até que em junho a repressão às manifestações gerou as mais chocantes imagens de violência contra a população negra, sobretudo adolescentes e jovens.

Essa repressão, bem como o apartheid na África do Sul, não pode ser bem compreendida sem considerarmos o papel da igreja reformada holandesa no país. De orientação teológica neocalvinista, a IRH teve papel determinante no apartheid como ideologia (a defesa de um desenvolvimento dos brancos separados dos negros, "justificado" teologicamente) e como política de Estado — com a decretação, em 1948, do apartheid como política oficial. Nesse momento, o Partido Nacional e a IRH são um, imbuídos da mesma convicção: a missão de *trazerem o cristianismo e a civilização para o continente africano*.[19] É verdade que nem todas as comunidades calvinistas entendiam a política do desenvolvimento separado como algo que implicava necessariamente um regime como o apartheid, não o apoiando com a convicção e determinação da IRH.[20]

Essa íntima relação fez com que os teólogos negros sul-africanos denunciassem tanto aquilo que identificavam como uma *teologia do Estado* quanto como uma *teologia da igreja*.[21] Na primeira, a absoluta condescendência com toda a tortura, violência e repressão que constituíram o apartheid. Uma espécie de absurdo em estado puro, em que violência, racismo e capitalismo são amalgamados com teologia cristã, junto à insistência de que "pela fé" e por "Deus, cujo nome está acima de tudo", ambos, oprimidos e opressor, o jovem agredido negro e o policial repressor branco, devem lealdade à mesma igreja. Na segunda, uma inconformidade apática, que propunha estabelecer diálogos entre ambos os lados de maneira irresponsavelmente assimétrica, como se as correlações de forças estivessem dadas de forma igual. Essa intervenção na realidade social não buscava, no entanto, lidar com as estruturas, o que significava enfrentar o apartheid como um "mal estrutural" conduzido pelo estado africâner.

Rechaçando ambas, surge a teologia profética, vinda de teólogos e teólogas negras como Allan Boesak, Saimon Maimela e Manas Buthelezi. É esse estado da *teologia profética*, bem como sua proposta e disposição ao enfrentamento, tocando nas estruturas, que interessa para pensarmos a teologia negra política.

O congolês Kä Mana, em sua obra *Teologia africana para tempos de crise*,[22] oferece um panorama geral da teologia africana e identifica ao menos quatro grandes movimentos na trajetória da teologia no continente. São eles: a teologia da enculturação, a da encarnação, a da libertação e a da reconstrução. Aqui, vão nos interessar a teologia da libertação e a da reconstrução, uma vez que integram os significativos movimentos de crítica e denúncia profética, tanto no que se refere às estruturas de opressão quanto à busca por caminhos.

Seguindo a definição de Kä Mana, a teologia da libertação africana *é uma norma estruturadora, que dá forma e conteúdo* a pelo menos quatro discursos: um discurso do tipo sociológico-teológico; um discurso de contestação política; um discurso de fratura filosófica, que vai pensar a libertação nos termos de uma nova autenticidade para a África; e um discurso de fratura antropológico-poética, que vai pensar nos termos de uma nova fundação cultural da África como entidade global.[23]

No mesmo caminho, a teologia da reconstrução é vista como um compromisso teológico cujo desafio é pensar e repensar o continente e suas feridas, bem como o legado de séculos de exploração e colonialismo. Visto que o processo de independência dos países africanos não proporcionou libertação (política e econômica) e autonomia plena e definitiva, a pergunta lançada foi: como as igrejas africanas e teólogos e teólogas comprometidos com a transformação podem contribuir para que as sociedades experimentem políticas humanas e economias viáveis?[24]

Também uma teologia negra política é levada a cabo pelo tanzaniano Laurenti Magesa, que, ao se dedicar a desenvolver e ampliar o sentido do conceito *ujamaa*, propõe não apenas um pensamento teológico e político, mas também ético, para a Tanzânia. *Ujamaa*, em tradução livre, seria algo como "solidariedade familiar". Essa abordagem foi trabalhada como uma expressão do socialismo por Julius K. Nyerere em seu mandato como presidente do país. Magesa se apropria da ideia implementada por Nyerere e a aprofunda, alegando que apenas superficialmente o *ujamaa* pode ser compreendido como um sistema político e econômico que lida com a produção e a distribuição de riqueza. Para Magesa, no seu fulcro, "ele guarda uma mensagem moral, preocupada com as atitudes nos relacionamentos humanos e o crescimento psicoespiritual, pessoal e social".[25]

Uma importante contribuição para a teologia negra política no continente africano, que segue passando despercebida (como grande parte do protagonismo e da contribuição das mulheres na produção de saber), é a da teóloga ganense Mercy Oduyoye. Ao lado de Teresa Okure e Muse W. Dube, Oduyoye se coloca como um dos grandes nomes da teologia africana ao levar as discussões de uma teologia da libertação ao limite, trazendo para o centro do debate as violações contra as mulheres, contra seus corpos, o controle sobre a sexualidade e a destruição dos laços de comunidade.

Oduyoye é uma das idealizadoras do Círculo das Teólogas Africanas Interessadas, um dos mais potentes movimentos teológicos em Gana, e no continente africano, ao fortalecer, a partir de estudos, reflexões e hermenêuticas feministas da Bíblia, a história de resistência e a disposição de mulheres africanas que lutaram por libertação — uma luta política que se deu tanto na esfera pública quanto na privada.[26] Seu livro *Daughters of Anowa* [Filhas de Anowa] é uma poderosa crítica às opressões patriarcais (bem como às contradições do matriarcado) na sociedade africana.

De modo semelhante, a nigeriana Teresa Okure contribui de maneira decisiva para uma teologia negra política da libertação que enfrenta as questões de injustiça social a partir da perspectiva de como essa injustiça se materializa no corpo das mulheres africanas. Um de seus textos mais conhecidos, "Primeiro foi a vida, não o livro", é uma crítica contundente não apenas às opressões mas ao descompromisso das próprias igrejas na Nigéria e às leituras violentadoras e moralizantes do cristianismo colonizador sobre a vida humana, em especial a vida das mulheres.

Figura de destaque na teologia negra política no continente africano é também o arcebispo Desmond Tutu. Sua história, pensamento, liderança e militância o tornaram mundialmente famoso na luta contra o apartheid na África do Sul, ao lado de Nelson Mandela. Tutu tem papel decisivo não apenas na luta pelo fim do apartheid mas também nas discussões profundas sobre o processo de reconstrução da África do Sul. Sua produção e propostas sobre o poder do perdão e da reconciliação tornaram-se conhecidas como instrumentos de transformação social e refundação política e econômica de um Estado arrasado pela barbárie e violentado pelo racismo. Tutu dedicou sua vida a uma teologia da libertação que buscava construir uma sociedade integrada que, coletivamente, superaria o projeto de opressão.

Teologia negra política nos Estados Unidos

Uma teologia negra política nos Estados Unidos está diretamente ligada ao auge da atuação de Martin Luther King à frente da luta contra a segregação racial no país. No entanto, essa ligação se torna mais decisiva após o seu assassinato, em abril de 1968, diante das reações da comunidade negra. Temos nos referido vastamente aqui a James Cone e à recepção às obras *Black Theology and the Black Power*, de 1969, e *A Black Theology of Liberation*, de 1970, como livros referenciais e também incluídos na teologia negra sistemática. No entanto, é redundante dizer o quanto eles têm um papel crucial para a teologia negra política. Ao falar do Deus que "participa na destruição do branco opressor",[27] Cone convoca para uma luta que é política. O *branco opressor* está nas ruas e no governo. O povo negro deve estar nas ruas para, ao lado de Deus, lutar por liberdade.

A história pregressa da participação de teólogas e teólogos negros e de clérigos em geral na luta política pelos Direitos Civis pavimentou o caminho para a elaboração de uma teologia política. Ela já estava presente em 1966, quando o Comitê Nacional do Clero Negro publicou a declaração *O Poder Negro*[28] e reivindicou, ao lado de toda a comunidade negra, o direito de disputar o poder denunciando a concentração deste entre os brancos. Grande parte desse processo está ricamente registrado no livro escrito por James Cone e Gayraud Wilmore, *Black Theology, a Documentary History*, de 1979, traduzido e publicado no Brasil em 1986 como *Teologia negra*. Em um de seus artigos, Wilmore é taxativo:

> Desde 1966, o novo interesse pela "Teologia Negra" entre o clero negro é prova de que a teologia que dominava nas igrejas americanas tinha frustrado os cristãos negros. Essa teologia achava que o preconceito racial e a discriminação eram a negação da soberania de Deus e da doutrina cristã sobre o homem, mas não tinha nenhuma consideração para com a experiência negra da fé e com a vida de pobreza e de opressão dentro da comunidade.[29]

Também no centro da discussão e da construção de uma teologia negra política está a igreja negra, uma espécie de núcleo organizador de mobilização, de proteção e da reação da própria comunidade negra. Não por acaso, ela é também, em muitos casos, vista como alvo preferencial de supremacistas brancos e racistas em geral nos Estados Unidos. Talvez o episódio mais conhecido tenha sido a explosão criminosa de uma igreja batista em Birmingham, Alabama, em 1963, em um atentado promovido pela Ku Klux Klan, que causou a morte de quatro adolescentes. Recentemente, em 2015, um jovem branco invadiu uma aula de estudo bíblico na Igreja Metodista Episcopal Africana Emanuel, em Charleston, Carolina do Sul, e atirou a esmo, assassinando nove pessoas. Vale destacar que a AME (a sigla pela qual essa igreja é conhecida) é uma das mais importantes e referenciais igrejas negras dos Estados Unidos. Por ter sido pioneira, é chamada de Mãe Emanuel.

Evidentemente, uma igreja negra não é necessariamente empenhada na luta pública antirracista. Mas todo o movimento da teologia negra política nos Estados Unidos tem nela seu desenvolvimento. É assim, por exemplo, com a retomada, em 2018, da Campanha Pelas Pessoas Pobres (Poor People's Campaign) iniciada por Luther King em 1968, mas interrompida após o seu assassinato. Cinquenta anos depois, a exemplo da campanha idealizada por King, a nova versão — comandada por um grupo de clérigos, sob a liderança do reverendo William Barber II, da Carolina do Norte, e a reverenda Liz Theoharis, de Nova York — percorreu todo o país, ao longo daquele ano, pautando, com críticas e denúncias profundas, a exploração no trabalho, a pobreza, o militarismo, a violência policial, a guerra econômica, a homofobia, o sexismo e o racismo.

Como bem afirmou J. Deotis Roberts, "a teologia política, como uma teologia, inscreve-se na tentativa de transmitir o *kerygma** através do envolvimento na questão humana por libertação".[30] Parece óbvio, mas essa afirmação de Deotis Roberts é extremamente importante e crucial. A teologia política é teologia. A teologia negra política é teologia, e, como tal, assume para si esta responsabilidade de anúncio, proclamação, chamamento profético, para lançar luz sobre as injustiças que assolam corpos e mentes. É uma proclamação interessada em romper grilhões e dar à esperança e à utopia a devida carga de subversão e enfrentamento. No contexto dos distúrbios e acirramentos da repressão aos protestos pós-morte de Luther King, uma teologia negra política criativa e potente se fez protagonista nos Estados Unidos.

A radicalidade de uma teologia negra política já estava presente desde a proposta de Albert Cleage Jr. ao lançar seu título mais famoso, *O messias negro*, em 1968. Nessa obra, Cleage ousava propor não apenas a desconstrução e a denúncia do Cristo Branco, que significava a manutenção do racismo na sociedade estadunidense, mas também um confronto direto contra a supremacia branca. Dwight N. Hopkins não tem dúvida de que, para Cleage, *Jesus foi um negro, revolucionário zelota,*** *liderando uma luta contra uma Roma branca*, mobili-

---

* Palavra grega que no Novo Testamento tem o sentido de anúncio, proclamação.
** Grupo contemporâneo de Jesus, mais radicais e conhecidos como um movimento revolucionário, anti-Império Romano, cujas investidas contra o poder recorriam também, acredita-se, à luta armada.

zando e convocando para a revolução *a mão negra de Israel*.[31] Possivelmente, os confrontos em Detroit em 1967, bem como a violência da repressão policial por ordem do governo no que ficou conhecido como a Rebelião de Detroit, tiveram influência direta sobre a radicalidade da percepção e reflexão de Cleage. Para Hopkins,

> de fato, Cleage viu a impaciência negra explodir em julho de 1967 na rebelião de poder e autoridade. O povo negro revoltado não teve como objetivo atingir ou matar as pessoas brancas. Em resposta a esta revolta contra anos de controle dos brancos, as forças políticas e militares ocuparam os guetos de Detroit como se fossem uma colônia de oprimidos. [...] trinta e três negros foram assassinados, mais de mil feridos e 72 presos em quatro dias.[32]

O reverendo de Detroit teve mais proximidade e travou diálogos importantes com, e a partir de, Malcom X. A teologia negra política de Cleage mostrou-se pouco esperançosa com a reconciliação e o entendimento de que seria possível convencer a sociedade branca estadunidense de que o povo negro deveria ter os seus direitos e o acesso aos mesmos meios e privilégios. Para Cleage, social e politicamente, toda essa situação apresentava uma tragédia anunciada, em que conflito e violência seriam inevitáveis, e a mensagem do messias negro era o despertar da consciência do povo negro afro-americano.

É evidente que em torno dessa discussão também está a reflexão sobre os limites do método da não violência de King como alternativa. A teologia negra política também lidou com essas tensões e elas permaneceram, nunca chegando a um consenso. Para Cleage, a violência e a opressão do racismo e da supremacia branca, detentoras de todos os meios de produção e de poder, nunca retrocederam, à revelia dos apelos e da dedicação de King. Para Deotis Roberts, King parece ter se recusado a acreditar no "que o racismo havia feito por um período tão longo corroendo a consciência dos estadunidenses brancos".[33]

Evidentemente, o lamento de Deotis Roberts diz menos sobre sua decepção com King e sua luta incansável e mais (ou tudo) sobre como toda a sua dedicação foi insuficiente para tocar a sensibilidade e mudar a estrutura racista que permanece insistindo numa espécie de segregação atualizada, sem os muros físicos e visíveis que mantinham a comunidade negra confinada nos guetos (e as canetas que escreviam de forma literal que a opressão se mantivesse), mas agora cheia de metáforas e símbolos e códigos que vão comunicar que o povo negro ainda deve lutar muito se quiser viver e fazer parte da distribuição de direitos, riqueza, poder e dignidade.

Teologia negra mulherista (*womanist theology*)

A teologia negra mulherista, ou *womanist theology*, é provavelmente a mais simples de ser definida ou identificada, porque ela mesma é um movimento teológico definido. Tratarei daqui em diante apenas como teologia mulherista, uma vez que este é um movimento de mulheres teólogas negras e dos Estados Unidos. Também optarei pelo termo em português, em vez de insistir no original em inglês, mas apenas por uma familiarização maior. Não é difícil imaginar que a teologia mulherista no Brasil seja tão pouco conhecida quanto a teologia negra. Sendo um movimento teológico quase que exclusivamente estadunidense, que surge e se desenvolve no seu contexto e nas problematizações feitas a partir da realidade histórica de mulheres negras daquele país, há de se perguntar por que este autor escolheu tratar, ainda que sucintamente, dela neste livro.

A escolha tem a ver, sobretudo, com as similaridades contidas nas realidades diversas das mulheres negras ao redor do mundo, seja no continente africano, no Caribe, nos Estados Unidos e, obviamente, no Brasil. Mas também com a possibilidade de que o processo de construção e elaboração de uma teologia negra pensada a partir da realidade das mulheres negras contribua significativamente para repensar a própria teologia, bem como sua relação com narrativas bíblicas consagradas, mesmo dentro de uma perspectiva libertadora (mas muitas vezes masculina, e quando feminista, ainda assim, tantas vezes branca). Essas percepções são distintas e valem ser consideradas.

Nesse sentido, apresentá-la de forma inicial, portanto abrir caminho para se conhecer a teologia mulherista, mesmo lidando com a ausência de publicações traduzidas para o português, visa ampliar de forma simples mas importante a perspectiva teológica. Seus nomes principais são Delores Williams, Jacquelyn Grant, Traci West, Katie Cannon, Kally Brown Douglas, Emilie Townes e Cheryl Towsend Gilkes, entre outras.

Alguma coisa sobre o mulherismo

O mulherismo tem suas raízes não nos estudos acadêmicos sobre feminismo ou em pesquisas sobre as condições das mulheres negras nos Estados Unidos, mas em uma potente convergência da produção de mulheres negras que falaram por si, sobretudo através de suas histórias de vida e de seus multiversos criados a partir da literatura, da música, das artes. Traz uma inspiração à memória a declaração de Sojouner Truth, uma ex-escravizada cristã que em uma convenção de mulheres em Ohio, em 1851, proferiu um discurso que se tornou antológico pela pergunta "E eu não sou uma mulher?". Diante de mulheres brancas, feministas e surpresas, Truth evocou, mesmo sem ter a intenção, um debate importante sobre as peculiaridades que marcavam as mulheres negras, distinguindo-as das mulheres brancas, mesmo que suas lutas por autonomia, liberdade e direitos transmitissem a impressão de que pudessem ser simétricas.

Dos finais do século XIX e então no século XX, mulheres negras estadunidenses ocuparam a criação e a produção cultural no país, à revelia de toda dor e violência causadas pela segregação e pelo racismo. O blues e o jazz se tornaram importantes expressões da musicalidade e da cultura negra, e mulheres como Gertrude "Ma" Rainey, Bessie Smith, Billie Holiday[34] e Nina Simone não só marcaram como formaram gerações, em especial de mulheres que transformavam dor em potência criativa e a imbuíam de esperança.

Da mesma forma, a produção literária de autoras como Gwendolyn Brooks, Toni Morrison, Audre Lorde, June Jordan e Alice Walker, entre outras, comunicava de forma profunda o "mundo das mulheres negras", a partir de suas próprias experiências, falando de si mesmas, inscrevendo outros mundos no mundo, repercutindo suas próprias vozes e pautando uma nova dimensão comunitária e coletiva na luta. Essas narrativas foram fissurando os discursos dominantes, inclusive os discursos progressistas pela luta das mulheres, os discursos dominantes sobre igualdade de direitos, os discursos emancipatórios dominantes. O mulherismo se insere aqui.

Vale conferir a linda obra de Angela Davis *Blues Legacies and Black Feminism*. É uma importante aula de história da luta das mulheres negras nos Estados Unidos a partir da vida e da resistência de três ícones do blues e do jazz. Muito do que define o mulherismo é atribuído de maneira mais direta à recepção ao famoso volume de ensaios *Em busca dos jardins de nossas mães*, de Alice Walker, que reúne textos de quase duas décadas de sua produção e foi lançado em 1983. Entre outras coisas, a autora destaca o mulherismo como enraizado na história concreta da opressão racial das mulheres negras e ressalta o fato de que viver em um Estado racista e escravocrata lhes deu, desde a infância, uma maturidade e uma potência para se relacionarem com o mundo que as brancas provavelmente nunca experimentariam. Ela também aborda a relação de cuidado, de defesa e de sobrevivência da comunidade e apresenta o mulherismo como uma ética.[35]

O deserto de Agar

Segundo o argumento da teóloga Stephanie Y. Mitchem, se há algo que torna necessária uma teologia mulherista é que as "realidades históricas e culturais, na perspectiva de mulheres negras, também precisam ser expressas em termos teológicos".[36] A teologia mulherista parte dessa ausência. Talvez por isso a experiência do deserto tenha se tornado tão poderosa para as teólogas negras. Não apenas a travessia, mas o deserto também como ausência e um campo de adversidade e privação, onde a experiência com Deus também se dá, sendo algumas vezes a única experiência possível para a sobrevivência em meio à opressão.

Delores Williams, que é talvez uma das mães fundadoras da teologia mulherista, considera a experiência do deserto um nome mais apropriado do que a experiência negra para descrever a existência de afro-americanos e afro-americanas nos Estados Unidos.[37] Já falamos aqui sobre os argumentos de Williams em defesa dessa afirmação. Fazia-se necessário, portanto, pensar em termos teológicos no que o deserto dizia sobre a jornada das mulheres negras, se distanciando das imagens cristalizadas de um êxodo puro e simples, que forma o povo de Deus e se encerra na chegada a uma "terra prometida". Era preciso pensar quais nuanças contidas num deserto como experiência poderiam traduzir a realidade histórica da mulher negra, ao menos da mulher negra na história segregacionista e racista dos Estados Unidos.

Nesse sentido, a história de Agar tem lugar de destaque na teologia mulherista. Houve, por parte das teólogas negras mulheristas, uma profunda identificação e reconhecimento da própria história, e da história de suas mães e avós, com a história da escravizada egípcia que servia a Abraão e Sara, conforme narrado em Gênesis 16 e 21. Afinal, que mulher negra não teve em sua história as ancestrais que, na condição de escravizadas, serviram a senhores e senhoras brancas, tornaram-se as amas que criaram seus filhos, fizeram a sua comida e, por tantas vezes, foram abusadas ou estupradas por patrões que queriam um corpo diferente? Quantas não tinham na própria história presenciado a situação de uma gravidez que precisava ser escondida, ou de um bastardo hostilizado por ser filho do senhor que a possuiu? Quantas mulheres negras não foram expulsas da casa-grande porque a senhora branca se sentia ameaçada ou intimidada pelo "perigo" que a jovem mulher negra representava para ela — "Sara a maltratou de tal forma que ela [Agar] fugiu de sua presença" (Gênesis 16,6)?

Por tudo isso a história de Agar se tornou um referencial. Tal como a teologia mulherista, as teólogas negras que endossam a hermenêutica bíblica negra e feminista, que veremos a seguir, também têm em Agar um referencial de conexão entre as narrativas bíblicas e a vida real das mulheres negras nas Américas (Caribe e Antilhas). E, talvez, quem melhor tenha descrito as razões dessa conexão tenha sido a própria Williams:

> Agar foi uma escravizada. Todas as mulheres negras afroamericanas têm na sua ancestralidade essa mesma condição historicamente. Agar foi brutalizada por sua senhora, a hebreia Sara. As narrativas de mulheres afro-americanas escravizadas, e algumas das narrativas contemporâneas das trabalhadoras diaristas, falam do brutal ou cruel tratamento que mulheres negras têm recebido das esposas dos senhores de escravos e da contemporânea patroa branca. Agar não teve controle sobre seu corpo. Ela pertencia à sua senhora Sara, cujo marido, Abraão, a violentou. Uma criança nasceu, Ismael; mãe e filho foram expulsos da casa por seus patrões sem recursos para sobreviver. Os corpos das mulheres afro-americanas escravizadas foram possuídos por seus senhores.[38]

Frente à teologia negra e à igreja negra

A teologia mulherista também não abriu mão de fazer duras críticas à condição da mulher negra dentro das igrejas negras, onde os homens continuavam a ter o protagonismo, e também na própria teologia negra, onde a contribuição das teólogas negras era, por muitas vezes, negligenciada. Jacquelyn Grant chamou atenção para o fato de que "há realidades opressoras na comunidade negra que estão relacionadas com o racismo, mas independentes dele",[39] e o machismo era uma delas. Crítica desse apagamento ou invisibilidade da realidade das mulheres na teologia negra, Grant foi de valorosa contribuição ao denunciar o que considerava "tratar as mulheres negras como se fossem criaturas invisíveis que estão do lado de fora olhando para dentro da experiência negra"[40] e da igreja negra.

As mulheres negras não estão na condição mais subalternizada na estrutura opressora da sociedade de forma passiva. Elas sempre tiveram o mais dinâmico protagonismo, transformando suas casas e suas igrejas em lugares seguros, ao mesmo tempo de acolhimento e foco de resistência. Elas atenderam à convocação de Luther King e marcharam nas ruas, enfrentaram a repressão policial, mas também estavam instruindo os seus filhos, cuidando de alimentá-los e os ensinando a ler. Protegiam as crianças nos ataques sofridos às suas casas, acobertavam seus maridos e, mesmo quando abandonadas ou traídas, levaram adiante a luta por liberdade e o senso de comunidade.

A teologia mulherista também vai tratar da sexualidade, que não foi abordada pela teologia negra nos Estados Unidos. Os pais fundadores da teologia negra no país não viram a necessidade de considerar que o racismo e a escravidão também atravessavam a sexualidade inscrita nos corpos negros, de homens e mulheres. Coube à teologia mulherista chamar atenção para como a sexualidade e o controle sobre os corpos e o prazer compunham a violência do racismo. Escravidão e sexualidade negra refletem o núcleo do permanente ataque da cultura supremacista branca contra os corpos negros. A cultura branca se pôs a proteger a hierarquia patriarcal e sustentar racismo e sexismo como um dispositivo de controle e tortura.[41] O debate da hipersexualização dos corpos negros, em particular os das mulheres negras, já estava presente nos primeiros ensaios da teologia mulherista. A mulher negra estuprada, violentada, molestada, usada como objeto para satisfazer os anseios sexuais do senhor ou dos filhos dele, equivalia ao negro linchado cujo corpo é pendurado em uma árvore.

Considero, portanto, a teologia mulherista a partir de ao menos três características que ajudam a identificá-la e despertar interesse, guardadas as devidas proporções por ser uma teologia situada num contexto local (os Estados Unidos):

- A teologia mulherista é uma teologia construída por mulheres negras, e afirma essa diferença que a distingue de qualquer outra teologia feminista. Ela é negra e não pode ser compreendida sem essa identidade.
- A teologia mulherista é uma teologia negra que toca na violência e no legado da escravidão e do colonialismo, mas vai falar a partir dos efeitos da escravidão e do colonialismo nos corpos das mulheres negras. Isso significa que ela se de-

bruça sobre o legado desses sistemas opressores na estrutura social, mas particulariza seus danos físicos, psicológicos e espirituais nas mulheres negras.

- A teologia mulherista é também uma ética, na medida em que transforma a experiência do deserto e a força da sua comunidade em práxis de vida solidária, acolhedora e promotora de justiça.

Teologia negra diaspórica

A diáspora é um movimento de dispersão, forçado ou não, de um povo ou uma etnia pelo mundo. Diz respeito a deixar, como povo, o lugar que significa sua história, sua cultura e seus símbolos e reconstruir, como povo, uma nova história, se adaptando a novas culturas e símbolos, em lugares diversos, mas com o desafio de buscar não perder aquilo que reporta ao seu lugar ancestral e lhe confere sentido.

Sendo assim, a diáspora africana se refere ao movimento forçado de negros e negras, escravizados e transportados como mercadoria nos navios negreiros. Calcula-se que cerca de 11 milhões a 12 milhões de africanos foram traficados para as Américas (a maioria para o Brasil). Mas a diáspora não se define apenas como um movimento que implica mudança de geografia, de espacialidade. A diáspora africana também é um redefinidor de identidades. Nos navios negreiros, clãs, tribos e nações distintas se encontravam diante da mesma condição de opressão. Além disso, houve também a ressignificação, por muitos povos, de suas culturas, símbolos, religiosidades, de cosmovisões que tiveram de se recriar diante da nova realidade, isto é, da escravidão como principal instituição da modernidade e pilar do capitalismo como sistema econômico.

A peculiaridade da diáspora africana no Caribe é que, diferente de territórios de grandes proporções como Brasil, México, Estados Unidos ou mesmo Colômbia e Venezuela, esse é um conjunto de ilhas e arquipélagos, áreas consideravelmente menores em comparação com outras da América Latina e do Norte, Isso possibilitou um grande trânsito, fosse para o comércio de escravizados (muitos vendidos para os Estados Unidos), fosse para os movimentos rebeldes de luta e resistência, viabilizando a mobilização de ideias de uma colônia a outra, fugas e ataques para libertação ou tomada de poder. Foi essa proximidade e acessibilidade que fez a Revolução Haitiana assustar os escravocratas dos Estados Unidos, do Brasil, do México, da Colômbia e mesmo das colônias caribenhas e antilhanas.

Com a fragmentação em diversas colônias, o Caribe acabou sendo formado por uma peculiar diversidade de linguagens e culturas, que também se revelou em um intenso pluralismo religioso.[42] Há o Caribe de fala inglesa (Guiana, Belize, Jamaica, Trinidad e Tobago, Barbados, Granada, Bahamas), de fala francesa (Guiana Francesa, Martinica, Guadalupe, St. Martin), e de fala holandesa (Suriname e Aruba, além de outras pequenas ilhas das Antilhas holandesas). Essa diversidade e relativa proximidade entre os territórios se tornaram fundamentais para as identidades que a diáspora africana inclinou à ressignificação, incluindo as religiosidades que surgem como articuladoras de resistência, de luta e levante contra a escravidão e a colonização.

Por que não uma teologia caribenha? Evidentemente, as sociedades do Caribe não são homogêneas, e este autor considera esse fato. Como Celucien L. Joseph, afirmo que a teologia caribenha também não é homogênea e não nos permite falar de uma só, mas identificar, no plural, as teologias caribenhas. Sendo assim, por teologia negra diaspórica me refiro à atuação de teólogos negros e teólogas negras que pensaram a partir *do lugar-movimento*, isto é, sua teologia foi gestada num ambiente de profundo intertrânsito, diálogo, mobilidade, conexões de lutas e espiritualidades que, sobretudo no Caribe e nas Antilhas, moldaram uma forma de fazer teologia negra.

Aproprio-me do sentido de diáspora que é amalgamada com o sentido da kênosis, segundo a argumentação de Mark Brett. Falo então de uma teologia diaspórica e não de uma teologia caribenha (ou teologias caribenhas) porque meu ponto de partida é o movimento. É a destituição da centralidade (inclusive de uma teologia centralizada e de uma construção teológica centralizada e centralizadora) e a afirmação da pluralidade, conectada por uma ancestralidade afro-caribenha que, em maior ou menor grau, se faz presente. É uma sensação de permanente exílio e um refundar de comunidades teopolíticas. Vejamos Brett:

> Ambos os conceitos [diáspora e kênosis] podem ser vistos como apontando para uma forma de vida que é caracterizada por um *movimento a partir de um centro*; cada um implica um "sair de casa" e um deslocamento de padrões convencionais de poder e identidade, de fato, um despojamento daqueles arranjos convencionais. No entanto, nem a diáspora nem a kênosis propõem

um movimento de autoesvaziamento, que é criar simplesmente um vácuo. Pelo contrário, o autoesvaziamento que implica uma perda de poder também *inclui* um engajamento com outras e outros, e, consequentemente, com novos padrões de poder e identidade.[43]

Portanto, caracterizo a teologia diaspórica pelo diálogo dessa construção teológica com a ausência de uma *ancestralidade afastada*, mas não perdida. Esse movimento forçado pela diáspora causada pelo tráfico humano na escravidão e pelo colonialismo faz com que novas identidades se rearranjem, o que indica um esvaziar-se de uma identidade sem perdê-la; mas, estando em outra terra, esse esvaziar-se também é se abrir a outras realidades atravessadas por tempos distintos, espiritualidades distintas.

Delroy Reid-Salmon, assim como outros autores, fala da teologia do povo negro caribenho, isto é, da teologia diaspórica, como uma teologia emancipatória.[44] Com isso, busca falar de uma reflexão crítica sobre a experiência caribenha sob a luz do evangelho de Jesus Cristo. Teólogos como Jean Bertrand Aristide, Erskine e Kortright Davis, entre outros, estão comprometidos com uma teologia emancipatória como uma teologia política. Refletir de forma teocrítica sobre a experiência caribenha é refletir teocriticamente sobre o legado da escravidão e do colonialismo que permanece e se atualiza entre os caribenhos e outros povos oprimidos do continente. Essa emancipação também exige uma emancipação da teologia sistemática branca ocidental, bem como da igreja, mesmo negra, que reproduz os dispositivos de opressão e alienação que sustentariam uma forma de neocolonialismo.[45]

A resistência, ou o que Reid-Salmon vai descrever como *protesto*, é outra importante característica da teologia diaspórica. No entanto, diferente de como se dá a teologia negra nos Estados Unidos, ou mesmo na África do Sul, uma teologia negra diaspórica está ciente do seu lugar na luta comum que é mobilizada a partir da religião. Foi a religiosidade no Caribe que inspirou levantes negros. Robert Stwart vai falar desse papel crucial da religião ao lembrar que ela funcionou como força aglutinadora e acolhedora, conectando cada novo negro africano e africana que chegava e estabelecendo vínculos distintos. Ela deu a base necessária de identidade e resistência[46] para os desafios postos e a luta pela sobrevivência.

Já falamos como o Pentecostes é uma chave hermenêutica importante para a teologia negra diaspórica. Reiteramos essa afirmação para ressaltar a conexão com este evento que funda uma igreja num contexto de línguas e linguagens diversas e culturas distintas. Eis como o povo caribenho se vê ao reconhecer a diáspora africana como evento histórico de refundação de sua identidade e experiência vital.

A hermenêutica bíblica negra feminista

A hermenêutica bíblica negra feminista (HBNF daqui em diante) dialoga com a teologia mulherista estadunidense, guardando, contudo, profundas diferenças. Já de início, se insere em um contexto muito mais aberto e dialogal com a diversidade religiosa das mulheres negras da América Latina e do Caribe, que assumiram o protagonismo de suas lutas e também de suas próprias narrativas a partir da Bíblia e do seu sentido para elas. Essa contribuição é cada vez mais notada e pertinente. Um fluxo de teólogas negras afro-latinas e caribenhas tem circulado e interagido mutuamente, pautando no debate teológico do continente as questões que seguem invisibilizando as mulheres negras e as mantendo sob opressor controle, silenciamento e exploração.

Para conhecer contribuições importantes à HBNF são indispensáveis os trabalhos de teólogas como Maricel Mena López, Nancy Cardoso, Cleusa Caldeira, Odja Barros e Silvia Regina, entre outras. Há uma abertura e uma dimensão de espiritualidades que muitas vezes não cabem no escopo teológico engessado e patriarcalmente moldado, acolhendo as irmãs de matrizes africanas e de religiosidades indígenas em um diálogo e uma caminhada comum que visam não apenas a destruição do patriarcado mas sua junção com a violência do racismo e o legado da escravidão.

Possivelmente, o grande nome da HBNF é a já citada colombiana Maricel Mena López, que foi professora da Escola Superior de Teologia (EST), sucedendo o afro-americano Peter Nash à frente do Grupo Identidade. Maricel, portanto, nos ajuda a compreender a HBNF:

> A HBNF se preocupa em primeiro lugar com as situações concretas de racismo, sexismo, classismo, colonialismos e antissemitismos que marcam as experiências de vida das oprimidas das nossas sociedades. Isso quer dizer que a reflexão teológico-hermenêutica é o segundo momento de uma teologia primeira que é o cotidiano das mulheres.[47]

Como características da HBNF, Maricel aponta a "vida cotidiana, o corpo como lugar de revelação, a subjetividade, a tradição oral como memória e história de resistência, o sentido dos ancestrais, a consciência ecológica e a busca de uma vida digna"[48] — pontos que inserem a HBNF num campo que dialoga com a construção de uma ética, a exemplo de como as estadunidenses Traci West e Katie Cannon acabam por articular a teologia mulherista por lá.

Silvia Regina enfatiza a ascendência de uma mulher negra em diáspora, e, ao falar sobre trazer uma *África dentro do coração*, chama a atenção para a permanente reafirmação dessa identidade. Assim como a teologia negra diaspórica, essa afirmação oferece uma oportunidade importante de nos aproximarmos de abordagens que, teologicamente, tratamos de forma distinta. Um exemplo é o belo texto de Elvira Moisés da Silva que promove o diálogo entre *a sabedoria feminina em provérbios bíblicos e na cultura banto*.[49] A HBNF, ao lançar luz sobre as mulheres negras na Bíblia, faz mais do que propiciar uma mera catalogação de personagens bíblicas negras: ela ilumina abordagens não apenas machistas, mas também racistas, conectando a história real de mulheres negras reais com as narrativas bíblicas. É um reconhecimento poderoso, que desconstrói hermenêuticas perversas e invisibilizadoras, além de resgatar a dignidade e disputar novos sentidos.

A característica da vida cotidiana apontada por Maricel é linda e potentemente ilustrada por Nancy Cardoso na obra *Profecia cotidiana e a religião sem nome*, que trata da religiosidade popular nas narrativas bíblicas, nas relações simples e cotidianas ou, como ela mesmo afirma, nos relatos de milagres que apresentam um profetismo que se movimenta do corpo para as pessoas.⁵⁰ São relações cotidianas porque tratam do dia a dia, da comida, da fome, das panelas, dos vasilhames — essa relação com o alimento e a casa que reporta a uma realidade vivenciada pelas mulheres negras e invisibilizadas. As mães e avós que preparam a refeição, que também são as curandeiras da comunidade, de quem se espera o remédio e a cura. Experiência comunitária, realidade histórica, mas sem a grandeza histórica dos grandes feitos, apenas a vida cotidiana, frequentemente atravessada pelas adversidades e violações que nos exigem o diálogo com o milagre:

> Milagre e cotidiano. Cotidianos milagres. Milagres no cotidiano. Essas combinações caracterizam uma religiosidade sem profundidade, extremamente estreita porque extremamente funcional, oferecendo respostas curtas e promessas de eficiência; uma religião mágica que auxilia nas dificuldades da vida sem implicar um comprometimento geral de toda a pessoa com todo o processo, atividade e pensamento. [...] Os milagres vão acontecer no cotidiano, enfrentando e resolvendo crises da vida cotidiana, criando condições de, a partir das relações, materiais e objetos do dia a dia, afirmar o sagrado presente, próximo e misterioso.⁵¹

A discussão sobre corpo e sexualidade também recebe contribuições da HBNF, que propõe um debate para impedir a abstração das tensões existentes no texto bíblico quanto aos dois temas. Leituras como as feitas a partir do primeiro capítulo do livro de Cantares permitem situar no horizonte não apenas o racismo, mas também as relações afetivas que atingem a mulher negra, desejada como objeto sexual, preterida nas relações afetivas, carregando a negritude muitas vezes com peso e como maldição em meio ao destino que frequentemente se apresenta como consumo erótico e não correspondido no amor. Ao problematizarem a afirmação que é traduzida como "sou negra, mas formosa", traindo o original, no qual a conjunção correta seria "e", e não "mas",[52] elas trazem também para o debate teológico a questão de que muitas mulheres negras seguem sendo usadas a tal ponto que o "mas", para relativizar a sua cor, indica um sintoma de auto-ódio e profunda sensação de inferioridade.

A HBNF está comprometida com uma luta que não é apenas por uma disputa de interpretação bíblica, mas de uma intervenção dessa interpretação no conjunto de pressões que acometem primeiro as mulheres negras, mas não só. Como movimento teológico, ela se insere numa perspectiva de vida comunitária ao desconstruir as estruturas de injustiça e desigualdade.

4. Sobre uma possível teologia negra brasileira

PENSAR UMA TEOLOGIA NEGRA BRASILEIRA é necessário e também possível. Prefiro falar em possibilidade, em vez de afirmar categoricamente, para deixar evidente que o que apresento é uma proposta. Essa proposta não diz que não há uma teologia negra que possamos chamar de tipicamente nossa, nem, muito menos, que não se faça teologia negra no Brasil. É ao mesmo tempo uma proposta e uma aposta: formular uma teologia negra com base em peculiaridades nossas, não constituindo apenas uma catalogação do que já existe ao redor do mundo. É preciso pensar em como ela pode falar de maneira mais direta conosco, e a partir de nós, no Brasil. Uma teologia negra produzida aqui pode ser mais próxima dos dilemas que são propriamente nossos e se valer das nossas próprias contribuições, e não das oriundas dos Estados Unidos, ou do Caribe, ou da África.

Tenho isso em mente ao propor pontos para uma possível teologia negra brasileira. Reconciliar a África em nós é importante como tarefa. Contribuir para a desconstrução desse imaginário tomado pela demonização exige um esforço teológico pedagógico profundo, determinante para, a médio e longo prazo, mudarmos as relações das igrejas, em especial as periféricas, com outras religiosidades no país. Uma hermenêutica quilombista carrega todo o sentido de resistência, vida comunitária e insurgência que marcaram os quilombos. Não se trata de ler os textos com ênfase em uma comunhão passiva, autossuficiente e doutrinada; é ver na comunhão e na coletividade, sobretudo entre os pobres e mais vulnerabilizados, uma resistência explícita — uma leitura que fala de esperança e de luta, de afeto e de disputar limites.

Com griôs e anciãos eu pretendo compartilhar o quanto considero infrutífera uma teologia negra produzida no Brasil que possa se levar a sério sem que recorra ou busque dialogar com aqueles e aquelas que nos ajudaram a pensar o país a partir de negros e negras. Na realidade brasileira, teologia negra é menos James Cone e mais Clovis Moura, menos Kelly Brown Douglas e mais Lélia Gonzalez e Sueli Carneiro. É considerar as categorias analíticas de Milton Santos, deixar-se interpretar a partir das personagens de Conceição Evaristo. É preciso pensar junto.

Nossa teologia é deficiente. E sem as informações, percepções e reflexões que essas pessoas negras nos legaram, uma teologia negra produzida a partir daqui também será. Como já dizia o mestre Abdias Nascimento, "a raça negra no Brasil precisa contar com seus próprios analistas e teóricos para elaborar o juízo crítico do acervo que os africanos nos deixaram".[1] Completo essa afirmação para fins de contextualização do nosso debate: a raça negra no Brasil precisa contar com seus próprios teóricos/teóricas, além de seus próprios teólogos/teólogas.

Reconciliar a África em nós: Expulsando o demônio do cristianismo escravocrata colonizador

O ambiente de formação colonial-escravocrata/racista da história do Brasil, com a instauração e formação de igrejas católicas e protestantes que aqui já chegam impregnadas pela demonização e inferiorização do povo negro trazido da África, bem como da sua cultura e cosmogonia, permitiu a consolidação da mentalidade que associa a religiosidade de origem africana à feitiçaria, ao atraso e ao primitivismo, sendo vista como diabólica e aética. A hostilidade, portanto, sempre teve o seu lugar na sociedade brasileira, em qualquer classe e território. As igrejas pentecostais, que surgem e se espalham pelas camadas mais pobres da sociedade, nas periferias que vão se formando nas bordas dos centros urbanos, irão radicalizá-la ao atribuírem o mal da vida do indivíduo às ações que são estabelecidas no plano espiritual, onde o diabo age, e o diabo, segundo essa compreensão, sempre age por intermédio de entidades diversas da religiosidade de matriz africana.

O modelo de colonização ibérica no Brasil, que possibilitou um sincretismo forçado e que se propôs a amalgamar diferenças e absorver conflitos na esfera pública, contribuiu para que, diferente da colonização liberal protestante nos Estados Unidos, não fosse formada uma concepção racializada do cristianismo. No Brasil, a resistência negra se deu sobretudo nos quilombos e nos terreiros, cuja espiritualidade e religiosidade ou sincretizaram o catolicismo português ou se mantiveram fiéis às suas ritualidades originárias, que desembocam no candomblé (e suas diversas nações).² As religiosidades de terreiro dividem com pequenas igrejas pentecostais, também de negros e também pobres, as favelas, os morros e as demais periferias das cidades. Como afirma o pastor e teólogo Marco Davi de Oliveira:

> Com a chegada de pessoas do interior do país para as grandes cidades, ocorreu o fenômeno da expansão da pobreza e da miséria, o que empurrou parte considerável da população para as favelas, refúgio dos negros desde a saída das senzalas. Vivendo sob a circunstância da pobreza, da vida em favela ou nas ruas, os mais pobres sentiram-se atraídos pelo discurso que enfatizava a fé numa vida material melhor anunciada por meio de uma evangelização persuasiva em praças, trens ou ônibus.³

O livro de Marco Davi, aliás, é uma referência entre as literaturas que tratam da formação demográfica do pentecostalismo no Brasil. Em *A religião mais negra do Brasil* ele vai fundo ao destrinchar as razões e contextos que aproximam a população negra e pobre das igrejas pentecostais. Davi também mostra que essa opção não é explícita, e que seria mais correto afirmar que os negros é que fizeram a opção pelo pentecostalismo do que o contrário.⁴ Nesse sentido, é sobretudo o racismo que ergue o muro que divide relações e neutraliza o afeto, inviabilizando o reconhecimento mútuo entre negros e negras de religiosidades distintas: o cristianismo como religião dos brancos, e portanto normal; o candomblé como religião dos negros, e portanto não apenas uma religião que não é verdadeira mas anormal, sendo sobretudo uma religião do mal, diabólica.

É com as igrejas neopentecostais que o princípio da batalha espiritual empurra para o campo do fundamentalismo extremista a hostilidade, transformando em perseguição deliberada o ataque às religiões de matriz africana. Há um processo "pedagógico" de reeducação (e não de alienação) quanto ao estigma lançado sobre as religiões de matriz africana e a cultura africana no qual os fiéis passam a organizar a si mesmos, bem como suas relações com o mundo, a partir desse imaginário da batalha que não se pode ver, que não é contra carne ou sangue e que por isso mesmo exige vigilância e reação. Em outras palavras, são reeducados, por meio de diversos ritos, palestras, programas, estudos bíblicos etc., para uma visão de mundo na qual o demônio, materializado nas religiões de matrizes africanas, deve ser combatido. O bispo Edir Macedo, fundador da Igreja Universal do Reino de Deus, em 1997, já dava o tom dessa postura em um de seus livros:

> Essa luta é renhida e, embora não andemos atrás dos demônios, eles andam à nossa procura para nos afastar de Deus. São inimigos d'Ele e do ser humano; daí a necessidade da luta. Essa luta com satanás é necessária para podermos dar o devido valor à salvação eterna, pois não há vitória sem luta.[5]

Não obstante, como é parte do racismo estrutural que orienta a hostilidade e o imaginário demonizador da África no Brasil, o racismo que opera contra as religiões de matriz africana é também institucional.[6] Em 2014, um juiz federal chegou a dizer que umbanda e candomblé não eram religião porque, em suas palavras, "elas não possuem um texto base" nem um "Deus a ser venerado". Não são poucos os casos de alunos e alunas advertidos, ou mesmo proibidos, de entrar na escola por estarem usando paramentos de sua religião (roupa branca, colares, guias etc.). Marco Feliciano, pastor que hoje é deputado federal pelo estado de São Paulo, já afirmou publicamente que "sobre o continente africano repousa a maldição do paganismo, ocultismo, misérias, doenças oriundas de lá: ebola, aids".[7]

Falar com ênfase na investida pentecostal e neopentecostal contra as religiões de matriz africana não significa que essa expressão do racismo só opera a partir desses lugares. As igrejas históricas, como as presbiterianas, metodistas, mesmo as batistas ou luteranas, vêm, desde o século xix, construindo um lugar de hostilidade que em muito sustentou e abençoou a escravidão no território brasileiro. E é muito provável que as periferias e favelas dos nossos centros urbanos não testemunhem tantos ataques e perseguições às religiões de matriz africana por parte dessas igrejas porque elas estão menos presentes nesses territórios. Não obstante, o racismo opera em muitas dessas denominações, que atacam tanto as religiões de matriz africana quanto os próprios pentecostais, associados quase sempre a uma forma "negra" de se portar (são barulhentos, pouco escolarizados, há "espírito" demais, eloquência de menos, são pretos e pobres demais para a racionalidade teológica intelectual, refinada e bem elaborada dos históricos). Em todos esses casos, o racismo é a linha que atravessa fronteiras e orienta relações e formas de conceber, de olhar e de crer.

Tamanha hostilidade exige um profundo esforço de misericórdia, compaixão e arrependimento. A forma como o racismo estruturou a concepção religiosa no Brasil destituiu de direitos e dignidade não apenas as religiões de matriz africana mas, junto, toda a comunidade negra, cuja história de escravidão, perseguição, destruição de laços familiares e memória foi tão aviltada quanto a dos negros e das negras que optaram pelo cristianismo pentecostal. Reconciliar a África em nós, portanto, é tarefa vocacional de uma teologia negra brasileira. Expulsar o demônio escravocrata e colonizador é entender os interesses que foram impostos sobre a demonização da África e do povo africano. Isso evidentemente não diz respeito a qualquer sincretismo ou perda de uma identidade própria, mas ao reconhecimento de como os limites do respeito mínimo são ultrapassados e afastam homens negros e mulheres negras evangélicos da mensagem de diálogo e generosidade que Jesus pratica nos evangelhos.

É fundamental entender o lugar da tradição e da cultura africanas na formação da sociedade brasileira. É fundamental compreender o importante papel que os terreiros e os quilombos exerceram para a sobrevivência do povo negro no país. Cada igreja, pentecostal ou não, alocada em um território brasileiro, urbano e periférico em especial, traz, no rastro do seu surgimento, uma luta ancestral de africanos e africanas em diáspora para sobreviver e se libertar. Grande parte dessa luta foi amparada e só encontrou lugar de organização, partilha e estratégia nos terreiros ou nos quilombos. Essa consciência ajudaria minimamente a identificar as sutilezas do racismo que atravessa a vida religiosa, a forma de crer, e fomenta conflitos e divisões onde a solidariedade e a caminhada comum, com respeito, deveriam ser possíveis.

Uma hermenêutica bíblica comunitária e quilombista

É importante não perder de vista o que potencializa as leituras da vida. A história da formação do povo de Deus que se tem a partir do êxodo é também a história de uma compreensão comunitária sobre Ele. Falar de uma hermenêutica bíblica comunitária não é novo nem estranho para a maioria de nós, teólogos e teólogas. O esforço de uma leitura comum é a tônica na trajetória das Comunidades Eclesiais de Base (CEBS) e dos muitos círculos bíblicos que procuram fazer da fé uma interpretação, ou, em outras palavras, fazer uma leitura da Bíblia que toque o chão da vida.

Ao falar de teologia negra, falo também de uma hermenêutica que é comunitária, mas não só — ela é também quilombista. Ela está impregnada do sentido de resistência e de estratégias contra-hegemônicas-narrativas que estão contidas no quilombo, tanto como território quanto como conceito. Essa hermenêutica, portanto, entende que a comunidade é a potência de uma forma de viver, na qual a consciência de que Deus segue conduzindo o seu povo, inspirando o cuidado e a proteção contra as adversidades, é a principal fomentadora de leitura. Clovis Moura apresenta o quilombo como "unidade de protesto e de experiência social".[8] Essa experiência que se impõe como negação dos sistemas escravistas e opressores encontra lastro nas experiências sociais comunitárias, que também se colocaram à margem dos lugares de poder.

Na chave hermenêutica quilombista é possível pensar desde a saída do povo do Egito, trilhando caminhos de construção comunitária e de formação de identidade no deserto, até os momentos em que Jesus se retira, seja com os discípulos, seja com a multidão marginal que nele encontra refúgio. Teria Jesus formado um quilombo? Provavelmente não como tal, mas provavelmente sim como categoria analítica, ou hermenêutica coletiva. Essa é uma perspectiva que tem, com Jesus, sua potência máxima no episódio conhecido como o milagre da multiplicação.

Primeiro porque Jesus transformou a reunião entre a multidão que não encontrava abrigo e amparo, num contexto de exploração e ocupação da Palestina, em um ambiente de esperança, resistência e autoafirmação. Ele reunia pessoas em busca de cura e esperança (Lucas 6,17-9). Ciente da lógica escravista que opera nas ocupações da Palestina e de seu território, Jesus marcava os seus encontros pela denúncia traduzida na mensagem dos ais. No capítulo 6 do Evangelho de Lucas, os ais são proferidos contra os ricos, os que se consideravam satisfeitos, isto é, os donos de tudo, saciados na sua sede eterna de domínio, posse e poder, e contra os bajuladores, aqueles que veneravam e estimulavam os falsos profetas. E quem são os falsos profetas? É falso todo profeta que está a serviço do palácio, dos poderes, da hierarquia sacerdotal em detrimento dos destituídos de dignidade. Os bajuladores louvavam aqueles cuja profecia legitimava a exploração e a opressão (Lucas 6,24-6).

Segundo porque a passagem da multiplicação é mais bem compreendida se analisada a partir do assassinato de João Batista — a decapitação de um profeta que ousou enfrentar Herodes (Marcos 6,17-29). Muito embora a literatura comum limite as razões do assassinato de João Batista à sua denúncia de Herodes ter se apropriado de sua cunhada, é preciso entender que essas razões não dão a real dimensão da ameaça nele vista. Horsley explica:

> A aristocracia sacerdotal sabia muito bem que uma pregação profética como a de João era um desafio direto a sua autoridade e poder, considerado ilegítimo e opressivo pela "multidão". [...] Herodes Antipas estava preocupado que a contínua pregação de João poderia levar a uma sublevação revolucionária do povo.[9]

É preciso entender isso para compreender que o impacto da morte de João Batista afeta de modo desesperador e enche de desamparo o coração dos discípulos, que fazem o funeral de seu amigo, mestre e principal referência até então. A relação com essa morte os leva até Jesus para contarem o que aconteceu. "Vinde vós, sozinhos, a um lugar deserto e descansai um pouco" (Marcos 6,31): essa é a resposta de Jesus. Um *lugar deserto* é a chave para compreender como a proposta de Jesus passa pela retirada, que é construção de resistência coletiva. Só então faz sentido refletir sobre o episódio da multiplicação dos pães e dos peixes (Marcos 6,33-44).

O milagre não estaria necessariamente na quantidade de peixes e de pães que Jesus consegue fazer surgir, mas na maneira como ele muda a perspectiva dos discípulos, que saem de uma lógica individualista, seletiva e acumuladora para a lógica da solidariedade e da partilha, incluindo os outros e outras da multidão. A comunhão se torna resistência.

Aqui, a comunhão é lida sob a chave do quilombismo. E essa é a chave que dialoga com os coletivos de luta e sobrevivência que encontram nas Escrituras não apenas textos, mas narrativas que fomentam dignidade e libertação.

Clovis Moura apontava que a existência dos quilombos e do negro associado ao quilombo e à fuga já havia incutido na alma do senhor uma "síndrome do medo". A contranarrativa dos aquilombados e dos levantes negros fez com que o senhor se sentisse "fragmentado na sua posição de comando totalitário".[10] Essa aproximação entre o seguimento de Jesus e o quilombismo nos ajuda a entender como a mensagem de Jesus ameaçava o Império Romano e a elite sacerdotal ao ser acolhido pela multidão e romper o totalitarismo das "verdades" políticas e religiosas estabelecidas.

Griôs e anciãos: Contribuições conceituais da intelectualidade negra do pensamento brasileiro

A teologia negra é uma teologia antirracista e libertária. Sim. Seus teólogos e teólogas sempre entenderam que, para construir e desenvolver uma teologia do povo negro que falasse de Deus — e apontasse para as contradições e violências de uma teologia da branquitude (isto é, a teologia que opera a invisibilidade, a negação, quando não a eliminação, de todos os outros discursos sobre Deus e universaliza a própria cultura, saber e privilégios) —, não poderiam fazer isso sozinhos, dialogando apenas com a teologia.

Seja na África, nos Estados Unidos ou no Caribe, a teologia negra se afirmou tendo as Escrituras como ponto de partida, mas também se valendo dos seus sábios do pensamento: uma intelectualidade negra que contribuiu para as ciências sociais, a filosofia, o teatro, a antropologia, a sociologia e a literatura também forneceu à teologia negra um importante referencial de interpretação do mundo. Foi assim no continente africano, onde as produções de Fabien Boulaga, Mogobe Ramose e mesmo Achille Mbembe (hoje tão íntimo da intelectualidade brasileira engajada), além de ficcionistas, dramaturgos e poetas poderosos e poderosas como Wole Soynka, da Nigéria, Ngugi Wa Thiong'o, do Quênia, Nawal El Saadawi, do Egito, ou Ana Ata Aidoo, do Gana, ajudaram a construir um pensamento teológico do povo negro e sua relação com as sociedades africanas, seus dilemas e complexidades. Foi assim no Caribe, em que as influências de Aimé Césaire, Frantz Fanon, Edouard Glissant, Marcus Garvey, Du Bois e Walter Rodney, entre outros, convergiram para forjar a identidade de uma teologia negra na região — ou ao que me refiro como uma teologia negra diaspórica. Foi assim nos Estados Unidos, onde Cornel West, Angela Davis, Patricia Hill Collins, bell hooks, Toni Morrison, Alice Walker e James Baldwin, entre tantas e tantos, são indissociáveis da construção de uma poderosa teologia negra.

Dessa forma, uma teologia negra brasileira não pode prescindir daqueles e daquelas que seriam nossos ancestrais do pensamento. Intelectuais (seja das ciências ou das artes/literatura, ou mesmo da oralidade) que nos legaram não apenas uma compreensão de Brasil, mas uma compreensão de Brasil profundamente afetada pelo regime escravocrata, pelo tipo de colonialismo que aqui se desenvolveu, que não pode ser visto apenas como um detalhe histórico do passado. Há um caminho já devida e qualitativamente pavimentado sobre a interpretação da sociedade brasileira, onde o racismo e a escravidão não são temas periféricos nem uma opção. Racismo e escravidão são determinantes. Não pode haver uma teologia negra brasileira, portanto, que dialogue com o país sem a contribuição desses nomes para uma interpretação coerente. A teologia negra se faz assim.

Minha primeira sugestão é que é preciso ler Clovis Moura. É preciso seguir os rastros de sua profunda pesquisa sobre o negro no Brasil, sua vida, suas lutas, suas estratégias de sobrevivência. Entender como ele trata e explica essa "modernização em cima de uma estrutura social escravista [que] criou condicionamentos no comportamento das classes dominantes brasileiras e de inúmeros dos seus segmentos sociais"[11] é fundamental para compreender a formação da nossa sociedade. Moura deixou uma rica e minuciosa produção sobre a forma de viver da população negra no Brasil e como, estrutural e politicamente, nossa entrada na condição de país capitalista e republicano foi arrastando o arcabouço escravista para a manutenção da nossa vida social e institucional. Sobretudo em *História do negro brasileiro* e *Rebeliões da senzala*, sua contribuição é essencial.

O assassinato de Luiz Gonzaga das Virgens, João de Deus Nascimento e Lucas Dantas, entre outros negros rebeldes condenados à morte por conta da Inconfidência Baiana (ou Revolta dos Alfaiates) em 1799,[12] se conecta com as tantas histórias já conhecidas mas que são assimiladas com certo romantismo por aqui, como os negros linchados nos Estados Unidos, os corpos incendiados e esquartejados pela Ku Klux Klan e as violências da segregação. Clovis Moura nos ensina como essas histórias são anteriores no Brasil, assim como os levantes negros, as resistências e o protagonismo que custavam a vida.

Florestan Fernandes é outro desses importantes nomes. O seu *Negro no mundo dos brancos*, além dos volumes de *A integração do negro na sociedade de classes*, são dois marcos referenciais para pensar o trânsito da população negra na formação de um Brasil capitalista e de dinâmica competitiva. Florestan nos lembra como nossa cultura sempre foi pobre de técnicas sociais para manipular as tensões, e como a única via seguida, ao que parece, foi a de contornar as causas das tensões e de intimidar a parte fraca,[13] entre elas, por óbvio, o negro.

A obra de Florestan ajuda significativamente a consolidar uma teologia negra que se faça no Brasil, e a partir do Brasil, sem que se perca o lastro com a construção social do país. Deve-se, inclusive, considerar que lugar ocupa a igreja (católica e protestante) nesse imaginário racial da sociedade e em que medida ela foi determinante para o tipo de regime escravocrata que tivemos:

> Como se poderia, no Brasil colonial ou imperial, *acreditar* que a escravidão seria, aqui, por causa de nossa "índole cristã", mais humana, suave e doce que em outros lugares? [...] Como ficar

indiferente ao drama humano intrínseco à Abolição, que largou a massa dos ex-escravos, dos libertos e dos ingênuos à própria sorte, como se eles fossem um simples bagaço do antigo sistema de produção?[14]

Lélia Gonzalez é também fundamental para organizar essa construção de teologia negra no Brasil. Ela inclusive facilita a articulação junto à hermenêutica bíblica negra feminista e a teologia mulherista, pondo-se a pensar não apenas as violências e as artimanhas do racismo (sobretudo ao falar da dialética entre a consciência e a memória),[15] mas também o lugar da mulher negra na sociedade brasileira. Seu famoso artigo sobre o conceito de amefricanidade, desenvolvido por ela, propõe uma reflexão sobre a formação de uma identidade negra, no Brasil, profundamente afetada pela diáspora. Embora tenha deixado pouca produção em livros próprios, Lélia possui uma vasta produção de artigos, além de conferências hoje publicadas.

Essas produções dão conta do interesse e do mergulho de Lélia nas questões sobre a escravidão no Brasil e, de maneira ainda mais prolífera, sobre o feminismo negro. Seus artigos nos ajudam a entender a sofisticação do racismo latino-americano, desenvolvido pelas características próprias do colonialismo que ocupou a América ibérica.

> Sabemos que as sociedades ibéricas se estruturam a partir de um modelo rigidamente hierárquico, onde tudo e todos tinham seu lugar determinado (até mesmo o tipo de tratamento nominal obedecia às regras impostas pela legislação hierárquica). En-

quanto grupos étnicos diferentes e dominados, mouros e judeus eram sujeitos a violento controle social e político. As sociedades que vieram constituir a chamada América Latina foram as herdeiras históricas das ideologias de classificação social (racial e sexual) e das técnicas jurídico-administrativas das metrópoles ibéricas. Racialmente estratificadas, dispensaram formas abertas de segregação, uma vez que as hierarquias garantem a superioridade dos brancos enquanto grupo dominante.[16]

O professor Muniz Sodré tem vasta obra, essencial para pensar a cultura e a comunicação no Brasil. Sua discussão sobre pensamento negro, sua "filosofia a toques de atabaques",[17] é uma importante contribuição para formular uma discussão teológica. Em especial porque Sodré se põe constantemente a discutir dialogando com o que se tem como dado na filosofia ocidental e como esta é atravessada pelo judaísmo e pelo cristianismo. Considero particularmente potente sua compreensão sobre o racismo visto como uma hermenêutica do corpo: o racismo é inconcebível sem o corpo, sendo uma leitura feita sobre o corpo num sistema marcado pela branquitude como paradigma biopolítico. Indico *Pensamento Nagô*, *Antropológica do espelho* e *O terreiro e a cidade* como obras fundamentais para abrir o horizonte de uma teologia negra brasileira e como narrativas desafiadoras a articular com e a partir das Escrituras.

Fundamental, e talvez um dos nomes mais importantes, é Abdias Nascimento, um dos grandes pensadores brasileiros não só pela contribuição acadêmica, mas também pela trajetória construída nas artes cênicas com a criação do Teatro

Experimental do Negro. Abdias se tornou um dos referenciais mais importantes a partir da publicação, em 1978, de *Genocídio do negro brasileiro*, obra que se consolidou como um verdadeiro mapeamento das estratégias que se empreenderam no Brasil buscando, ao longo do tempo, o desaparecimento da população negra — fosse pelo extermínio direto, fosse pelos processos de branqueamento da população e da cultura. Sua denúncia de uma espécie de proibição de se discutir raça no país poderia ser tranquilamente direcionada para o campo da teologia. As barreiras e críticas enfrentadas pela teologia negra no Brasil, em muitos espaços aonde chega, encontram vínculo direto com as mesmas resistências e desconforto causados pelo debate racial levantado por ativistas e intelectuais negros no Brasil contemporâneo de Abdias:

> Em verdade, em verdade, porém, a camada dominante simplesmente considera qualquer movimento de conscientização afro--brasileira como ameaça ou agressão retaliativa. E até mesmo se menciona que nessas ocasiões os negros estão tratando de impor ao país uma suposta superioridade racial negra... Qualquer esforço do afro-brasileiro esbarra nesse obstáculo.[18]

De igual modo, sua reflexão a partir da formulação do conceito de quilombismo (mais aprofundado em nossa conversa sobre uma leitura bíblica quilombista e comunitária) é uma referência para pensar os quilombos não apenas como território mas sobretudo como espaços de produção de resistência, ideologia e identidade. A grande questão não é discutir somente o período colonial e os efeitos do regime escravocrata na formação da sociedade brasileira; é identificar as sutilezas das formas dinâmicas de atualização e reatualização que o racismo encontra para sobreviver. Como o próprio Abdias afirma, "a fertilidade racionalizadora do racismo brasileiro não tem limites: é dinâmica, polifacética e capaz das manipulações mais surpreendentes".[19]

Fiel aos relatos e aos mundos alargados propostos pela literatura poética e ficcional, a contribuição de Conceição Evaristo entra como de suma importância a ser integrada junto às referências de uma teologia negra brasileira. Obras como *Ponciá Vicêncio, Olhos d'água* e *Becos da memória* fornecem um importante contexto para compreender a pobre, exploradora e estratificada realidade brasileira. Os escritos de Conceição Evaristo pulsam uma conexão com o cotidiano real, o dia a dia de gente sofrida e de difíceis histórias pela sobrevivência que vão tentando desviar das desigualdades.

Fiel à tradição da contação de relatos dos griôs, os romances e contos de Evaristo ajudam a apreender realidades passadas como cenas reais que se mostram hoje. Muitas de suas histórias e muitas e muitos de seus personagens poderiam estar presentes nas histórias bíblicas, e, por isso mesmo, se encontram com muitas delas: a viúva na história do profeta Eliseu (1 Reis 4); Resfa e o zelo pelo corpo dos filhos assassinados (2 Samuel 21); a mulher que entra, ainda que intimidada, em silêncio, mas cheia de gestos afetivos e denunciando o estigma e o patriarcalismo (Lucas 7); o assassinato de Nabot, pela rainha, para se apossar das terras de um pobre camponês que se recusou a vendê-las para a família real (1 Reis 21). Todas essas histórias e personagens cabem perfeitamente na narrativa de Conceição Evaristo e alimentam uma profunda reflexão para uma teologia negra brasileira.

    Teríamos aqui ainda muitos nomes, de Milton Santos a Sueli Carneiro, de Luiz Gama a Guerreiro Ramos. Importante é apontar marcos referenciais que ajudam a pensar a realidade brasileira a partir de um pensamento negro, isto é, de perspectivas que são leituras e vivências do povo negro, de quem traz no corpo e na mente as marcas da negritude, tornando ainda mais precisa a compreensão de nossa história e de nossas desigualdades. Qualquer teologia que se faça no Brasil (como em qualquer lugar) é infrutífera se acha possível teologizar de costas para a própria realidade social e cultural que a influencia. E isso é ainda muito menos possível no caso de uma teologia negra brasileira.

Conclusão

No início de maio de 2018 eu e minha esposa, Juliana Maia, estivemos presentes no funeral de James Cone. Uma coincidência inesperada, que misturou tristeza e sensação de privilégio, permitiu que estivéssemos nos Estados Unidos no momento do falecimento deste que é considerado o pai da teologia negra no país. Estávamos em Boston, em Harvard, para uma conferência na qual eu falaria, no fim de abril, sobre teologia negra, racismo e segurança pública. Cone faleceu um dia antes da nossa saída de Boston rumo a Nova York.

O funeral foi na Riverside Church, uma das mais importantes e imponentes igrejas batistas dos Estados Unidos. A influência e a história de Cone, que foi, por cinquenta anos, professor no Union Theological Seminary, podia ser medida pela quantidade de pessoas ali presentes. Sob o teto de uma das maiores igrejas do país, reuniam-se os nomes mais ilustres da teologia negra, do movimento pelos Direitos Civis e da intelectualidade negra estadunidense, de Jacquelyn Grant, um dos pilares da teoria mulherista, a Jesse Jackson, parceiro de jornada de Martin Luther King e ex-candidato à presidência.

A mim, em especial, chamou atenção a presença do filósofo e também teólogo Cornel West. Dispensando comentários na intelectualidade e no ativismo nos Estados Unidos, o professor West era, sem dúvida, a figura cuja fala era a mais esperada na cerimônia. Não por acaso, ele faria o discurso de encerramento, antes que o caixão deixasse a igreja em cortejo para o sepultamento. A fala de West foi exatamente aquilo que se esperava. A mais inflamada, provocadora e potente. Mas foi uma frase em especial que me marcou naquele momento: "O racismo nos Estados Unidos não acaba enquanto a igreja branca existir".

Voltamos para o Brasil e a frase voltou comigo, reverberando o seu impacto. Tentei pensar nela fora daquele contexto, que lhe dava sentido e não exigia qualquer explicação ou justificativa. Tentei tirar a frase de dentro da Riverside Church, de dentro da igreja na qual em 1967 Luther King fez seu histórico discurso contra a Guerra do Vietnã; de dentro da igreja onde, poucos anos antes, Cornel West, Angela Davis e Michelly Alexander falavam sobre racismo e encarceramento em massa; de dentro da igreja em que se reuniam os nomes mais emblemáticos da teologia negra. Ali, bastava dizer aquela frase e o recado estava devidamente compreendido. Minha questão era como seria dizer uma frase assim em uma igreja, fosse qual fosse, no Brasil.

Passei a refletir de maneira mais profunda sobre como a história colonial e escravocrata se deu aqui, com a participação e, por vezes, idealização profícua da igreja (fosse protestante, fosse católica), não deixando brechas para uma autocrítica contra o racismo. Esse incômodo passou a me perseguir: o incômodo com a impossibilidade de ter uma conversa franca e aberta sobre o racismo e o legado colonial deixado no Brasil para a população negra. Qual seria a recepção a uma frase que afirmasse que o fim do racismo aqui não aconteceria enquanto a igreja branca existir? A própria igreja

Conclusão

branca se reconheceria como tal? Seria possível entender a igreja branca não como os brancos que estão na igreja, mas como um modelo de igreja que foi construída com padrões determinados de teologia, de construção de referências de vida cristã e de formas de conceber a Bíblia, Deus e a fé? Que igreja branca deveria deixar de existir?

Este livro se tornou parte do desafio de se relacionar com essas perguntas, assim como se relacionar com a afirmação de Cornel West. Foi preciso deixar alguma referência para quem quisesse caminhar pelos passos dados pela teologia negra rumo não apenas à derrubada do racismo, mas a um embate frente a frente com a capilaridade da desigualdade, da injustiça e da opressão, em que o racismo também se encontra, a partir da igreja. Foi preciso que eu mesmo percorresse um caminho mais longo e profundo pela teologia negra, conhecendo outras experiências e produções, para não deixar que a ousadia da frase de Cornel West se encerrasse na superfície.

Definitivamente, este livro buscou fornecer elementos para alimentar a reflexão sobre questões como a que foi posta na Riverside no funeral de Cone. Para que, ao pensar sobre onde a igreja está no debate do racismo e do legado do regime colonial-escravocrata brasileiro, a única resposta possível não seja a insistência na pseudossuperação ou o escândalo diante da falta de arrependimento.

Notas

Apresentação à nova edição: Rajadas de vento [pp. 13-21]

1. Sueli Carneiro, *Dispositivo de racialidade: A construção do outro como não ser como fundamento do ser*, p. 21.
2. Anthony B. Bradley, *Liberating Black Theology: The Bible and the Black Experience in America*, p. 9.
3. Denise Ferreira da Silva, *Homo modernus: Para uma ideia global de raça*, p. 91.
4. Édouard Glissant, *Poética da relação*, p. 220.
5. Gloria Anzaldúa, *Borderlands/La frontera: The new mestiza*, p. 16.

Introdução [pp. 23-9]

1. Na ausência de qualquer registro ou obra que se debruce integralmente sobre a história de Agostinho José Pereira, para efeitos de maior aprofundamento e interesse sobre ele e sua história, recomendo o artigo de Marcus Carvalho, "O ABC do Divino Mestre", Disponível em: <https://periodicos.ufba.br/index.php/afroasia/article/view/21079/13671>.
2. Rubem Alves, *Protestantismo e repressão*, p. 57.

1. Sobre a teologia [pp. 31-48]

1. Todas as referências bíblicas foram extraídas da Bíblia de Jerusalém (12. ed. São Paulo: Paulus, 2017).
2. Delores S. Williams, *Sisters in the Wilderness*, 1993, p. 150.
3. Silvio Almeida, *O que é racismo estrutural*, p. 90.
4. Milton Santos, *Por uma outra globalização*, p. 19.
5. Frantz Fanon, *Os condenados da terra*, p. 252.

6. Pedro Kramer, *Origem e legislação do Deuteronômio*, p. 50.
7. Milton Santos, *Por uma geografia nova*, p. 122.
8. Id., *Da totalidade ao lugar*, p. 31.
9. Joaze Bernadino-Costa e Ramón Grosfoguel, "Decolonialidade e perspectiva negra", p. 19.
10. James Cone, *O Deus dos oprimidos*, p. 50.
11. Emerich Coreth, *Deus no pensamento filosófico*, p. 63.
12. Id., p. 72.
13. John Mbiti, *Entre Dios y el Tiempo*, p. 305.
14. Sim, tivemos missionários e sacerdotes, protestantes e católicos, que se recusaram a abraçar uma missão que negava o evangelho com seu racismo e ar superior. Mas aqui falamos da regra, e não das exceções. Já me referi a algumas exceções no artigo "500 anos da Reforma, e também do racismo no Brasil" publicado no livro *Fé, justiça de gênero e incidência pública* por ocasião dos quinhentos anos da Reforma Protestante.
15. Elisabeth S. Fiorenza, *Jesus e a política de interpretação*, p. 11.
16. Walter Mignolo, *Desobediência epistémica*, p. 7.
17. Peter Nash, *Relendo raça, bíblia e religião*, p. 32.
18. Ainda que muito centrado nas teologias do Ocidente ou de matriz europeia, é de grande importância o livro *A Teologia do século XX*, de Rosino Gibellini. Seu apanhado e breves apresentações de diversas teologias permitem uma boa introdução.
19. Jürgen Moltmann, *Teologia da Esperança*, p. 77.
20. Musa W. Dube, *Postcolonial Feminist Interpretation of the Bible*, p. 17.
21. Elisabeth S. Fiorenza, op. cit., p. 12.

2. O sopro antirracista do espírito [pp. 49-91]

1. James Cone, *O Deus dos oprimidos*, p. 27.
2. Ezequiel Luiz de Andrade, "Existe um pensar teológico negro?", p. 75.
3. Muito do conceito de teologia política, quando citado neste livro, estará referenciado em como J. Deotis Roberts aborda o termo no seu livro *A Black Political Theology*.
4. J. Deotis Roberts, op. cit., p. 190.
5. Peter Nash, "Negritude na Bíblia e na igreja", p. 31.

6. Colonização, escravidão e racismo estão presentes na grande maioria das obras da teologia negra, e em todas consideradas mais importantes. James Cone, G. Wilmore, Howard Thurman, J. Deotis Roberts, Peter Nash e Allan Boesak vão tratar do êxodo e seu nexo sob a perspectiva da escravidão. Teólogas negras como Delores Williams, Katie Cannon, Maricel Mena López e Nancy Cardoso vão se referenciar à mulher negra, explorada na escravidão, abusada no racismo, na solidão pelo companheiro que parte, na objetificação do seu corpo, no racismo moderno que ainda a reporta a uma espécie de imagem atualizada da escravizada doméstica. Teólogos caribenhos e africanos, como Noel Erskine, Reid-Salmon e Kä Mana, refletem constantemente sobre o papel da diáspora como efeito da colonização.
7. Achille Mbembe, *Crítica da razão negra*, p. 102.
8. Id., p. 105.
9. James Cone, op. cit., pp. 49, 51.
10. Tal adjetivo se refere a Karl Barth (1886-1968), teólogo alemão considerado um dos mais importantes e influentes do século xx.
11. James Cone e Gayraud S. Wilmore, *Teologia negra*, p. 123.
12. Id., p. 31.
13. Milton Santos et al., *Território, territórios*, p. 49.
14. João Jairo Oliveira de Carvalho e Elaine Vigianni Oliveira Teixeira, *Israel nasceu negro e negra*, p. 14.
15. Para compreender mais e melhor o conceito de afrocentricidade, recomendo a leitura de *Afrocentricidade: Uma abordagem epistemológica inovadora*, organizado por Elisa Larkin Nascimento.
16. Frantz Fanon, *Os condenados da terra*, pp. 35-6.
17. Hannah Arendt, *Entre o passado e o futuro*, p. 43.
18. Maricel Mena López, *Hermenêutica bíblica negra feminista*.
19. Paul Ricoeur, *A memória, a história, o esquecimento*, p. 101.
20. Id., p. 410.
21. Elias André e Orlando Gulonda, *Como queremos ser igreja*, p. 30.
22. Nancy Cardoso Pereira, *Profecia cotidiana e religião sem nome*, p. 170.
23. André Duarte, *Vidas em risco*, p. 274.
24. Jürgen Moltmann, *O Deus crucificado*, p. 193.
25. Milton Santos et al., op. cit., p. 175.
26. James Cone, op. cit., pp. 62, 64, 66.

27. João Jairo Oliveira de Carvalho e Elaine Vigianni Oliveira Teixeira, op. cit., p. 37.
28. James Cone, op. cit., pp. 74-5.
29. Cf. Nambalirwa Helen Nkabala, "A Gender-Sensitive Ethical Reading of Old Testament Texts".
30. Delores S. Williams, *Sisters in the Wilderness: The Challenge of Womanist God-talk*, p. 160.
31. Delroy A. Reid-Salmon, *Home Away from Home*, p. 91.
32. Yosef Ben-Jochannan, *We the Black Jews*, 1996.
33. Kelly Brown Douglas, *Stand Your Ground*, p. 172.
34. James Cone, *The Cross and the Lynching Tree*, p. 153.
35. Kelly Brown Douglas, op. cit., pp. 173-4.

3. Mapear a teologia negra: Estes que têm alvoroçado o mundo [pp. 92-130]

1. James Cone, *A Black Theology of Liberation*, p. 15.
2. Id., pp. 1-2.
3. Frantz Fanon, *Os condenados da terra*, p. 318.
4. James Cone, op. cit., p. 15.
5. Kelly Brown Douglas, *Stand your Ground*, p. 50.
6. William R. Jones, *Is God a White Racist?*, p. 5.
7. Kelly Brown Douglas, op. cit., p. 52.
8. Id., p. 51.
9. Kelly Brown Douglas, *The Black Christ*, p. 13.
10. Maricel Mena López, *Raíces afro-asiáticas en el mundo bíblico*, p. 18.
11. Id., p. 19.
12. Martin Bernal, *Black Athena*.
13. Vale consultar o trabalho, entrevistas e vídeos do filósofo Renato Nogueira, professor da Universidade Federal Rural do Rio de Janeiro, cuja contribuição tem se destacado no pensamento da filosofia africana e no deslocamento da produção de saber clássico tido como de origem ocidental, agora mais bem compreendido como tendo sido desenvolvido no continente africano e em outras partes do Oriente.
14. João Batista Libânio, *Introdução à teologia fundamental*, pp. 84, 88.
15. John Mbiti, *Entre Dios y el Tiempo*, p. 1.

16. Peter Nash, *Relendo raça, bíblia e religião*, p. 32.
17. Eugene Dominick Genovese, *Da rebelião à revolução*, p. 25.
18. J. Deotis Roberts, *A Black Political Theology*, p. 26.
19. Daniel R. Magaziner, *The Law and the Prophets*, p. 60.
20. Id., p. 61.
21. Dwight N. Hopkins, *Black Theology USA and South Africa*, p. 97.
22. Kä Mana, *Teologia africana para tiempos de crisis*.
23. Id., pp. 46-7.
24. Id., p. 52.
25. Cf. Laurenti Magesa, "The Dream of Ujamaa after Collapse of Comunism".
26. Cf. Mercy Oduyoye, "The African Experience of God through the Eyes of an Akan Woman".
27. James Cone, op. cit., p. 72.
28. James Cone e Gayraud S. Wilmore, *Teologia negra*, p. 30.
29. Id., p. 116
30. J. Deotis Roberts, op. cit., p. 190.
31. Dwight N. Hopkins, op. cit., p. 38.
32. Id., p. 37.
33. J. Deotis Roberts, op. cit., p. 199.
34. Vale conferir o lindo livro de Angela Davis *Blues Legacies and Black Feminism*.
35. Recomendo o ótimo artigo de Patricia Hill Collins "O que é um nome?: Mulherismo, Feminismo Negro e além disso".
36. Stephanie Y. Mitchem, *Introducing Womanist Theology*, p. 60.
37. Delores S. Williams, *Sisters in the Wilderness*, p. 159.
38. Id., p. 3.
39. James Cone e Gayraud S. Wilmore, op. cit., p. 308.
40. Id., p. 316.
41. Kelly Brown Douglas, *Sexuality and the Black Church*.
42. Maricel Mena López e Peter Nash, *Abrindo sulcos*, p. 133.
43. David Joy e Joseph F. Duggan, *Decolonizing the Body of Christ*, p. 128.
44. Delroy A. Reid-Salmon, *Home Away from Home*, p. 80.
45. Clucien L. Joseph, *Towards a Caribbean Political Theology of Emancipation and Decolonization*, p. 11.
46. Delroy A. Reid-Salmon, op. cit., p. 80.
47. É muito importante ler o já clássico texto da própria Maricel Mena López, "Hermenêutica bíblica negra feminista".

48. Id.
49. Maricel Mena López e Peter Nash, op. cit.
50. Nancy Cardoso Pereira, *Profecia cotidiana e a religião sem nome*.
51. Id., p. 138.
52. Autoras como Maricel Mena López, Cleusa Caldeira e Odja Barros, entre outras, disputam diretamente este sentido.

4. Sobre uma possível teologia negra brasileira [pp. 131-49]

1. Abdias Nascimento, *O quilombismo*, p. 139.
2. Cf. Heitor Frisotti, "Afro-américa: O terreiro nos evangeliza".
3. Marco Davi de Oliveira. *A religião mais negra do Brasil*, p. 46.
4. Id., p. 48.
5. Edir Macedo, *Orixás, caboclos e guias*, p. 37.
6. Lucas Obalera de Deus, *Por uma perspectiva afrorreligiosa*, p. 14.
7. Você pode ler sobre a fala do deputado e sua repercussão aqui: <https://politica.estadao.com.br/noticias/geral,no-twitter-deputado-diz-que-africanos-sao-amaldicoados,700037>.
8. Clovis Moura (Org.), *Os quilombos na dinâmica social do Brasil*, p. 103.
9. Richard Horsley, *Bandidos, profetas e messias*, p. 159.
10. Clovis Moura (Org.), op. cit., p. 110.
11. Clovis Moura, *Rebeliões da senzala*, p. 27.
12. Id., *História do negro brasileiro*, p. 45.
13. Florestan Fernandes, *A integração do negro na sociedade de classes*.
14. Id., *Significado do protesto negro*, p. 29.
15. É possível ler este texto, "Racismo e sexismo na cultura brasileira", em *Por um feminismo afro-latino-americano*, p. 75.
16. Lélia Gonzalez, "A categoria político-cultural de amefricanidade", em *Por um feminismo afro-latino-americano*, p. 131.
17. Muniz Sodré, *Pensamento Nagô*.
18. Abdias Nascimento, *O genocídio do negro brasileiro*, p. 78.
19. Id., p. 108.

Referências bibliográficas

ALMEIDA, Silvio. *O que é racismo estrutural.* Belo Horizonte: Letramento, 2018.

ALVES, Rubem. *Protestantismo e repressão.* São Paulo: Ática, 1979.

ANDRADE, Ezequiel Luiz de. "Existe um pensar teológico negro?". In: SILVA, Antônio Aparecido da (Org.). *Existe um pensar teológico negro?* São Paulo: Paulinas, 1998.

ANDRÉ, Elias; GULONDA, Orlando. *Como queremos ser igreja: Uma proposta teológica contextual angolana.* São Paulo: Recriar, 2018.

ANZALDÚA, Gloria. *Borderlands/La frontera: The New Mestiza.* San Francisco: Aunt Lute Books, 1987.

ARENDT, Hannah. *Entre o passado e o futuro.* São Paulo: Perspectiva, 2011.

BEN-JOCHANNAN, Yosef. *We the Black Jews: Witness to the "White Jewish Race" Myth.* Baltimore: Black Classic Press, 1996.

BERNADINO-COSTA, Joaze; GROSFOGUEL, Ramón. "Decolonialidade e perspectiva negra". *Revista Sociedade e Estado,* v. 31, n. 1, 2016.

BERNAL, Martin. *Black Athena: Afroasiatic Roots of Classical Civilization.* New Brunswick (NJ): Rutgers University Press, 1987. v. 1: The Fabrication of Ancient Greece, 1785-1985.

BRADLEY, Anthony B. *Liberating Black Theology: The Bible and the Black Experience in America.* Wheaton (IL): Crossway, 2010.

_____. *Ending Overcriminalization and Mass Incarceration: Hope from Civil Society.* Cambridge: Cambridge University Press, 2018.

_____. (Org.). *Why Black Lives Matter: African American Thriving for the Twenty-First Century.* Eugene (OR): Cascade Books, 2020.

CARNEIRO, Sueli. *Dispositivo de racialidade: A construção do outro como não ser como fundamento do ser.* Rio de Janeiro: Zahar, 2023.

CARVALHO, João Jairo Oliveira de; TEIXEIRA, Elaine Vigianni Oliveira. *Israel nasceu negro e negra: Círculos bíblicos para uma leitura étnica da Bíblia.* São Leopoldo (RS): Cebi, 2017.

CONE, James. *O Deus dos oprimidos.* São Paulo: Paulinas, 1985.

CONE, James; WILMORE, Gayraud S. *Teologia negra*. São Paulo: Paulinas, 1986.

_____. *A Black Theology of Liberation*. Maryknoll (NY): Orbis Books, 1986.

_____. *The Cross and the Lynching Tree*. Maryknoll (NY): Orbis Books, 2016.

CORETH, Emerich. *Deus no pensamento filosófico*. São Paulo: Loyola, 2009.

DAVIS, Angela. *Blues Legacies and Black Feminism: Gertrude "Ma" Rainey, Bessie Smith, and Billie Holiday*. Nova York: Vintage Books, 1999.

DEUS, Lucas Obalera de. *Por uma perspectiva afrorreligiosa: Estratégias de enfrentamento ao racismo religioso*. Rio de Janeiro: Fundação Heirinch Böll, 2019.

DOUGLAS, Kelly Brown. *Stand your Ground: Black Bodies and the Justice of God*. Maryknoll (NY): Orbis Books, 2015.

_____. *The Black Christ*. Maryknoll (NY): Orbis Books, 1994.

_____. *Sexuality and the Black Church: A Womanist Perspective*. Maryknoll (NY): Orbis Books, 1999.

DUARTE, André. *Vidas em risco: Crítica do presente em Heidegger, Arendt e Foucault*. Rio de Janeiro: Forense Universitária, 2010.

DUBE, Musa W. *Postcolonial Feminist Interpretation of the Bible*. Missouri: Chalice, 2005.

FANON, Frantz. *Os condenados da terra*. Rio de Janeiro: Zahar, 2022.

FERNANDES, Florestan. *A integração do negro na sociedade de classes*. São Paulo: Globo, 2008. v. 2: No limiar de uma nova era.

_____. *Significado do protesto negro*. São Paulo: Expressão Popular; Fundação Perseu Abramo, 2017.

FIORENZA, Elisabeth S. *Jesus e a política de interpretação*. São Paulo: Loyola, 2005.

FRISOTTI, Heitor. "Afro-américa: O terreiro nos evangeliza". In: SILVA, Antônio Aparecido da (Org.). *Existe um pensar teológico negro?*. São Paulo: Paulinas, 1998. (Coleção Atabaque).

GENOVESE, Eugene Dominick. *Da rebelião à revolução: A revolta de escravos negros nas Américas*. São Paulo: Global, 1983.

GIBELLINI, Rosino. *A teologia do século XX*. São Paulo: Loyola, 2007.

GLISSANT, Édouard. *Poética da relação*. Rio de Janeiro: Bazar do Tempo, 2021.

GONZALEZ, Lélia. *Por um feminismo afro-latino-americano*. Org. de Flavia Rios e Marcia Lima. Rio de Janeiro: Zahar, 2020.

Referências bibliográficas

HILL COLLINS, Patricia. "O que é um nome?: Mulherismo, Feminismo Negro e além disso". Disponível em: <http://www.scielo.br/pdf/cpa/n51/1809-4449-cpa-18094449201700510018.pdf>.
HOPKINS, Dwight N. *Black Theology USA and South Africa: Politics, Culture and Liberation*. Eugene (OR): Wipf and Stock, 1989.
HORSLEY, Richard. *Bandidos, profetas e messias: Movimentos populares no tempo de Jesus*. São Paulo: Paulus, 1995.
JONES, William R. *Is God a White Racist?: A preamble to Black Theology*. Boston (MA): Beacon, 1998.
JOSEPH, Clucien L. "Towards a Caribbean Political Theology of Emancipation and Decolonization: A Comparative Analysis of Four Caribbean Theologians". *Black Theology, an International Journal*, v. 16, 2018.
JOY, David; DUGGAN, Joseph F. *Decolonizing the Body of Christ: Theology and Theory after empire?* New York (NY): Palgrave, 2012.
KRAMER, Pedro. *Origem e legislação do Deuteronômio: Programa de uma sociedade sem empobrecidos e excluídos*. São Paulo: Paulinas, 2006.
LARKIN NASCIMENTO, Elisa (Org.). *Afrocentricidade: Uma abordagem epistemológica inovadora*. São Paulo: Selo Negro, 2009.
LIBÂNIO, João Batista. *Introdução à teologia fundamental*. São Paulo: Paulus, 2014.
LÓPEZ, Maricel Mena; NASH, Peter. *Abrindo sulcos: Para uma teologia afro-americana e caribenha*. São Leopoldo (RS): Sinodal, 2003.
_____. *Hermenêutica bíblica negra feminista*. Disponível em: <http://www.geocities.ws/rebilac_coordcont/hbnf.html>.
_____. "Raíces afro-asiáticas en el mundo bíblico: Desafíos para la exégesis y hermenéutica latinoamerica". *Revista de Interpretación Bíblica Latinoamericana (RIBLA)*, n. 54, Equador, 2006.
MACEDO, Edir. *Orixás, caboclos e guias: Deuses ou demônios*. Rio de Janeiro: Gráfica Universal, 2005.
MAGAZINER, Daniel R. *The Law and the Prophets: Black Consciousness in South Africa, 1968-1977*. Ohio: Ohio University Press, 2010.
MAGESA, Laurenti. "The Dream of Ujamaa after Collapse of Communism". Disponível em: <https://brill.com/abstract/journals/exch/28/4/article-p341_5.xml?crawler=true>.
MANA, Kä. *Teologia africana para tiempos de crisis: Cristianismo e reconstrução de África*. Navarra: Verbo Divino, 2000.
MBEMBE, Achille. *Crítica da razão negra*. Lisboa: Antígona, 2014.

MBITI, John. *Entre Dios y el Tiempo: Religiones tradicionales africanas.* Madri: Mundo Negro, 1991.

MCCAULLEY, Esau. *Uma leitura negra: Interpretação bíblica como exercício de esperança.* São Paulo: Mundo Cristão, 2021.

MIGNOLO, Walter. *Desobediencia epistémica: Retórica de la Modernidad, lógica de la colonialidad y gramática de la descolonialidad.* Buenos Aires: Ediciones del Signo, 2010.

MITCHEM, Stephanie Y. *Introducing womanist theology.* Maryknoll (NY): Orbis Books, 2002.

MOLTMANN, Jürgen. *O Deus crucificado: A cruz de Cristo como base e crítica da teologia cristã.* Santo André: Academia Cristã, 2014.

_____. *Teologia da Esperança: Estudos sobre os fundamentos e as consequências de uma escatologia cristã.* São Paulo: Teológica; Loyola, 2015.

MOURA, Clovis. *Rebeliões da senzala: Quilombos, insurreições, guerrilhas.* Porto Alegre: Mercado Aberto, 1988.

_____. *História do negro brasileiro.* São Paulo: Ática, 1992.

_____ (Org.). *Os quilombos na dinâmica social do Brasil.* Maceió: Ed. Ufal, 2001.

NASCIMENTO, Abdias. *O genocídio do negro brasileiro: Processo de um racismo mascarado.* Rio de Janeiro: Paz e Terra, 1978.

_____. *O quilombismo: Documentos de uma militância pan-africanista.* Petrópolis (RJ): Vozes, 1980.

NASH, Peter. "Negritude na Bíblia e na igreja". In: SCHINELO, Edmilson (Org.). *Bíblia e negritude: Pistas para uma leitura afro-descendente.* São Leopoldo (RS): EST/Cebi, 2005.

_____. *Relendo raça, bíblia e religião.* São Leopoldo (RS): Cebi, 2005.

NKABALA, Nambalirwa Helen. "A Gender-Sensitive Ethical Reading of Old Testament Texts: The Role of African Women as Characters in the Text and Exponents of the Text". Disponível em: <http://www.scielo.org.za/pdf/ote/v26n2/11.pdf>.

ODUYOYE, Mercy. "The African Experience of God through the Eyes of an Akan Woman". Disponível em: <https://www.theway.org.uk/back/37Oduyoye.pdf>.

OLIVEIRA, Marco Davi de. *A religião mais negra do Brasil: Por que os negros fazem opção pelo pentecostalismo?.* Viçosa (MG): Ultimato, 2015.

PACHECO, Ronilso. "500 anos da Reforma, e também do racismo no Brasil". In: KUSS, Cibele (Org.). *Fé, justiça de gênero e incidência pública.* Porto Alegre: Fundação Luterana de Diaconia, 2017.

PEREIRA, Nancy Cardoso. *Profecia cotidiana e religião sem nome: Religiosidade popular na Bíblia*. São Paulo: Fonte, 2014.

REID-SALMON, Delroy A. *Home Away from Home: The Caribbean Diasporan Church in the Black Atlantic Tradition*. Nova York: Routledge, 2008.

RICOEUR, Paul. *A memória, a história, o esquecimento*. Campinas (SP): Ed. Unicamp, 2007.

ROBERTS, J. Deotis. *A Black Political Theology*. Kentucky: Westminster John Knox Press, 2005.

SANTOS, Milton. *Por uma geografia nova*. São Paulo: Edusp, 1978.

_____. *Por uma outra globalização: Do pensamento único à consciência universal*. Rio de Janeiro: Record, 2001.

_____ [et al.]. *Território, territórios: Ensaios sobre o ordenamento territorial*. Rio de Janeiro: Lamparina, 2001.

_____. *Da totalidade ao lugar*. São Paulo: Edusp, 2014.

SILVA, Denise Ferreira da. *Homo modernus: Para uma ideia global de raça*. Rio de Janeiro: Cobogó, 2022.

SODRÉ, Muniz. *Pensamento Nagô*. Petrópolis (RJ): Vozes, 2017.

WILLIAMS, Delores S. *Sisters in the Wilderness: The Challenge of Womanist God-talk*. Maryknoll (NY): Orbis Books, 1993.

ESTA OBRA FOI COMPOSTA POR MARI TABOADA EM DANTE PRO E IMPRESSA EM OFSETE PELA GRÁFICA BARTIRA SOBRE PAPEL PÓLEN BOLD DA SUZANO S.A. PARA A EDITORA SCHWARCZ EM AGOSTO DE 2024

A marca FSC® é a garantia de que a madeira utilizada na fabricação do papel deste livro provém de florestas que foram gerenciadas de maneira ambientalmente correta, socialmente justa e economicamente viável, além de outras fontes de origem controlada.